A rebeldia e as tramas
da desobediência

FUNDAÇÃO EDITORA DA UNESP

Presidente do Conselho Curador
Herman Jacobus Cornelis Voorwald

Diretor-Presidente
José Castilho Marques Neto

Editor Executivo
Jézio Hernani Bomfim Gutierre

Assessor Editorial
Antonio Celso Ferreira

Conselho Editorial Acadêmico
Alberto Tsuyoshi Ikeda
Célia Aparecida Ferreira Tolentino
Eda Maria Góes
Elisabeth Criscuolo Urbinati
Ildeberto Muniz de Almeida
Luiz Gonzaga Marchezan
Nilson Ghirardello
Paulo César Corrêa Borges
Sérgio Vicente Motta
Vicente Pleitez

Editores-Assistentes
Anderson Nobara
Arlete Zebber
Ligia Cosmo Cantarelli

COORDENAÇÃO DA COLEÇÃO PARADIDÁTICOS

João Luís C. T. Ceccantini
Raquel Lazzari Leite Barbosa
Ernesta Zamboni
Raul Borges Guimarães
Pedro Goergen (Série Educação)

MARIA LÚCIA DE OLIVEIRA

A rebeldia e as tramas da desobediência

COLEÇÃO PARADIDÁTICOS
SÉRIE EDUCAÇÃO

editora
unesp

© 2004 Editora UNESP

Direitos de publicação reservados à:

Fundação Editora da UNESP (FEU)
Praça da Sé, 108
01001-900 – São Paulo – SP
Tel.: (0xx11) 3242-7171
Fax: (0xx11) 3242-7172
www.editoraunesp.com.br
www.livrariaunesp.com.br
feu@editora.unesp.br

CIP – Brasil. Catalogação na fonte
Sindicato Nacional dos Editores de Livros, RJ

O48r

Oliveira, Maria Lúcia de
    A rebeldia e as tramas da desobediência/Maria Lúcia de Oliveira. – São Paulo: Editora UNESP, 2010.
    144p.: il. – (Paradidáticos. Série Educação)

    Inclui bibliografia e glossário
    ISBN 978-85-393-0053-2

    1. Adolescência – Aspectos sociais. 2. Jovens – Atitudes. 3. Conformismo. 4. Dissidentes. 5. Conflito de gerações. 6. Psicologia do adolescente. I. Título. II. Série.

10-3004.
                                                                         CDD: 155.5
                                                                         CDU: 159.922.8

Editora afiliada:

Asociación de Editoriales Universitarias de América Latina y el Caribe

Associação Brasileira de Editoras Universitárias

A COLEÇÃO PARADIDÁTICOS UNESP

A Coleção Paradidáticos foi delineada pela Editora UNESP com o objetivo de tornar acessíveis a um amplo público obras sobre *ciência* e *cultura*, produzidas por destacados pesquisadores do meio acadêmico brasileiro.

Os autores da Coleção aceitaram o desafio de tratar de conceitos e questões de grande complexidade presentes no debate científico e cultural de nosso tempo, valendo-se de abordagens rigorosas dos temas focalizados e, ao mesmo tempo, sempre buscando uma linguagem objetiva e despretensiosa.

Na parte final de cada volume, o leitor tem à sua disposição um *Glossário*, um conjunto de *Sugestões de leitura* e algumas *Questões para reflexão e debate*.

O *Glossário* não ambiciona a exaustividade nem pretende substituir o caminho pessoal que todo leitor arguto e criativo percorre, ao dirigir-se a dicionários, enciclopédias, *sites* da internet e tantas outras fontes, no intuito de expandir os sentidos da leitura que se propõe. O tópico, na realidade, procura explicitar com maior detalhe aqueles conceitos, acepções e dados contextuais valorizados pelos próprios autores de cada obra.

As *Sugestões de leitura* apresentam-se como um complemento das notas bibliográficas disseminadas ao longo do texto, correspondendo a um convite, por parte dos autores, para que o leitor aprofunde cada vez mais seus conhecimentos sobre os temas tratados, segundo uma perspectiva seletiva do que há de mais relevante sobre um dado assunto.

As *Questões para reflexão e debate* pretendem provocar intelectualmente o leitor e auxiliá-lo no processo de avaliação da leitura realizada, na sistematização das informações absorvidas e na ampliação de seus horizontes. Isso, tanto para o contexto de leitura individual quanto para as situações de socialização da leitura, como aquelas realizadas no ambiente escolar.

A Coleção pretende, assim, criar condições propícias para a iniciação dos leitores em temas científicos e culturais significativos e para que tenham acesso irrestrito a conhecimentos socialmente relevantes e pertinentes, capazes de motivar as novas gerações para a pesquisa.

SUMÁRIO

CAPÍTULO 1   SOB O SIGNO DA REBELDIA   9

A situação do jovem contemporâneo   9

A rebeldia como necessidade e determinação social   14

Cultura e contestação   17

CAPÍTULO 2   TRAMAS DA OBEDIÊNCIA   21

Obediência e subversão   21

Psicanálise: instrumento de investigação e pesquisa   22

CAPÍTULO 3   REBELIÃO, OBEDIÊNCIA E LIBERDADE   31

A barbárie revisitada   34

Do múltiplo ao uno   36

CAPÍTULO 4   ADOLESCÊNCIA   41

Adolescência e rebeldia   44

Adolescência e problematização da identidade   46

"Des/obede/serás"   49

CAPÍTULO 5   AS HISTÓRIAS   55

Gil, 17 anos e meio   56

Dulce, 17 anos   64

Vera, 17 anos   73

Ângelo, 16 anos   102

CONCLUSÃO   131

REFERÊNCIAS BIBLIOGRÁFICAS   136

GLOSSÁRIO   139

SUGESTÕES DE LEITURA   141

QUESTÕES PARA REFLEXÃO E DEBATE   143

1 Sob o signo da rebeldia

A situação do jovem contemporâneo

Um adulto que queira tratar a juventude sem incorrer em prejulgamentos enfrenta um grande desafio, uma vez que existe significativa distância entre o jovem que foi e o que gostaria de ter sido e entre esse jovem idealizado que se imagina e o jovem atual, visto com o olhar regrado pelo tempo, pela perda das ilusões, da onipotência e de certo exagero narcísico. Esse mesmo olhar realista pode incorrer no erro de prejulgar o futuro daquele sonhar passageiro e cheio de esperanças que, para o bem ou para o mal, acaba sempre provocando algumas transformações.

A distância entre o idealizado e o real é o que garante a sobrevivência em um mundo que só muito mais tarde será de fato apropriado – aquele que, direta ou indiretamente, por meio de proposições ou omissões, ajuda-se a construir ou que é aceito por força das circunstâncias. Mas, então, esse mundo, enfim dominado, pouco tem daquele com o qual se sonhou e que será o ponto de partida para outros sonhos. É que, com o passar dos anos, a vida lima as asperezas, da mesma forma como a água torna lisas as pedras do rio. Isso significa aprender a conviver com oposições e a aceitar as adversidades não como ameaça, mas, sobretudo, como oportunidade para o conhecimento.

Só quando esse adulto consegue enxergar a juventude dotada de uma dinâmica própria em seu processo de crescimento e de resistência, muitas vezes ameaçada de cooptação, ele pode enfim se julgar não mais como o jovem que foi, mas como modelo que será ou terá sido.

O risco da generalização aumenta à medida que não se dê conta de que, mesmo entre os jovens de uma cidade, existem verdadeiras fronteiras intransponíveis. Tão dramático quanto o *apartheid* social, o esmagamento imposto pela realidade das metrópoles é, por si só, responsável pelo encapsulamento dos jovens, seu aliciamento ou sua "iniciação".

Na atualidade, os jovens estão por toda parte e não estão em parte alguma. Agrupam-se em "castas", tribos, turmas e gangues, mas, quando falam de sua condição, parecem cada vez mais segmentados e "ilhados" no mundo.

Num certo contexto, crianças, adolescentes e jovens parecem existir à revelia do mundo adulto, recolhidos na solidão eletrônica das comunidades virtuais. Moldam-se de acordo com as expectativas da mídia e do mercado.

Em outras frentes, no entanto, parecem querer mudar os rumos da história, alinham-se contra a exploração da miséria estrutural de nações pobres e dominadas; organizam-se no combate às injustiças do mundo e em defesa da natureza e da vida; empunham bandeiras e dão pitos nos adultos, sejam pessoas comuns, sejam chefes de estado; arriscam a vida na defesa de causas quase esquecidas no emaranhado de informações do dia a dia; defendem ideais humanistas e libertários com menos ingenuidade do que num passado não tão distante; lançam mão das ferramentas tecnológicas desenvolvidas pelo capitalismo para sublevarem-se contra as distorções geradas pelo próprio capitalismo.

Falar da juventude com todos os seus contrastes e diversidades é, de certa forma, tratar do mundo tal qual ele se mostra na atualidade, diversificado, mesclando avareza e generosidade, idealismo e ceticismo, riquezas e misérias, alegrias e tristezas, transformações e continuísmos.

São esses jovens, enfim, que aos poucos vão conseguindo romper com estruturas antigas e injustas, norteadoras de um pensamento centrado no aqui-agora e, portanto, pouco ou nada inclinado a levar em consideração as gerações e condições de vida do futuro.

Mas por que os jovens seguem caminhos tão diversos, sendo como são, tão semelhantes? Por que enquanto alguns se mobilizam contra as guerras, outros se sentem tão à vontade com uma arma na mão? Poderíamos citar a miséria como resposta a essas perguntas, mas então teríamos ou que dar um significado mais abrangente para o termo *miséria* (que transcendesse o sentido simples da falta de condições materiais) ou nos defrontaríamos com outra questão mais complexa: como se explica o fato de a violência e a criminalidade não estarem restritas apenas às camadas mais pobres, mas estenderem-se a outras esferas da sociedade?

A resposta talvez esteja no fato de que, no modelo atual, em países como o Brasil, a sociedade vem se adaptando à "ausência" dos educadores. Nesse caso, devemos entender não somente a ausência dos pais no acompanhamento de seus filhos, que por si só já é um problema grandioso, como também, num sentido mais amplo, a quase ausência – em termos qualitativos – do Estado. Este deveria, a partir de seus poderes constituintes (Legislativo, Executivo e Judiciário), atuar com a responsabilidade de elemento definidor e exemplar das condutas educativas, seja pelo uso da coisa pública e da intervenção no espaço comum, seja pelo estabelecimento de políticas educacionais. A falta de modelos ou a aceitação/exaltação, pela mídia, de tipos questionáveis de comportamento, cujo sucesso se mede pelo resultado mercadológico, reduz qualquer esforço para se criar uma base minimamente sólida de valores universais.

Pode ser que encontremos algumas explicações, também, no fato de não serem mais valorizados os espaços públicos comunitários de formação básica, nos quais os jovens adolescentes, como em épocas passadas, podiam conviver acima de suas diferenças sociais. O modelo escolar atual divide a sociedade em castas, e a visão que os mais pobres têm dos mais ricos e os mais ricos, dos mais pobres, é estereotipada, ideologizada, difundida pelos meios de comunicação.

Daí a ideia corrente de que o crime e a violência têm endereço fixo na periferia das metrópoles. Se pensarmos, porém, em termos de mente e práticas criminosas – sem focarmos na questão cultural dos crimes violentos – veremos que a criminalidade está espalhada por todos os níveis e camadas sociais e não é exclusividade de pobres, ricos ou classe média.

As crianças e os adolescentes, desde cedo separados por faixas de renda familiares – pois o ensino pago tornou-se impositivo nas últimas décadas e as escolas oferecem diversas formações, de acordo com o poder aquisitivo de cada grupo –, encaram com *aparente* naturalidade as diferentes formas de tratamento dadas aos diversos grupos sociais.

Dessa forma, a percepção da exclusão ou da impossibilidade de galgar os degraus que conduzem ao sucesso em nossa sociedade torna-se mais intensa conforme há deslocamento do topo para a base da pirâmide social. Acrescente-se a isso a onipotência, que nas últimas décadas vem substituindo a autoestima, e teremos um quadro de rancor extremado, cuja falta de limites (entenda-se continência, nas concepções de frustração e acolhimento) tem levado a ações violentas, marcadas por excessiva crueldade e pela banalidade de suas motivações.

Evidentemente, o fim da escola pública como espaço de congregação dos diversos setores da sociedade, tal qual durante muitas décadas existiu, mais do que separar do contato físico e cultural os diversos segmentos sociais – contato esse que significou, no passado, um pré-teste para um diálogo mais amplo, um pacto a ser respeitado ao longo da vida – serviu para cristalizar diferenças e rancores.

Sem outros locais de contato que privilegiem o diálogo, o comércio de bens e serviços, ilícita ou ilegalmente disponíveis, aparece como ponto de confluência entre as diversas "ilhas" gestadas no vazio deixado pelas instituições e na falta de credibilidade do Estado ou dos educadores como formadores ou promotores de mudanças capazes de alterar a perversa e injusta realidade social. Em razão disso, a violência e a criminalidade deixam de ser objeto de estudo de uma só disciplina e se convertem em problema de todo campo de pesquisa.

A ocupação do espaço público pela mídia mercantilista, a excessiva valorização do papel do jovem na atualidade (que se traduz pelo investimento massivo em sua onipotência e pela sua incapacidade de lidar com as frustrações), a ilusão de que a felicidade deve ser alcançada no aqui-agora – que é, portanto, inadiável –, e a conclusão fatal de que os fins justificam os meios e que esse fim é ter dinheiro suficiente para comprar a felicidade, todos esses elementos reunidos formam a base instável sobre a qual se ergue uma sociedade refém do medo.

Não é de estranhar, pois, que muitos adultos se comportem como "delinquentes juvenis" em atividades que exigiriam deles um comportamento mais adequado, principalmente ao lidarem com bens ou serviços públicos. Nem a longevidade do comportamento espúrio ou corrupto que, de outra forma, seria condenado mais cedo, recebe a necessária e consequente condenação (em oposição à ambiguidade com que é tratado na atualidade). Isso poderia resultar, senão na eliminação, ao menos na minimização de seus efeitos nocivos.

Este assunto é, como já observamos, transdisciplinar e, por isso, objeto de qualquer temática de pesquisa científica. No entanto, a tese que defendemos neste livro, ainda que possa ser aplicada em situações que classificamos como afeitas mais à barbárie e à irracionalidade do que à civilização em que predomine o pacto social, nossa investigação dos mecanismos psíquicos que confluem na direção da formação da identidade tomou como objeto de estudo quadros considerados adequados aos padrões de civilidade.

Sem ignorar tais questões, algumas mais afeitas a estudos de contorno sociológico ou político, esclarecemos que o estudo dos casos que apresentaremos mais à frente trata especificamente dos mecanismos psíquicos implicados na rebeldia e na formação da identidade. No entanto, isso não nos desobriga, por coerência de nossa proposta, de mostrar que, independentemente da época e das condições históricas, políticas e sociais, há algo em comum no processo de formação e autorrepresentação dos jovens.

A rebeldia como necessidade e determinação social

O fim da Segunda Guerra Mundial marcou o começo de um período de grandes transformações no mundo, a começar pela mudança do eixo do poder, antes centrado na presença imperial e ubíqua da Inglaterra e depois na divisão do mundo em dois modelos antagônicos focados no capitalismo norte--americano e no comunismo soviético.

As duas potências emergiram vitoriosas da Segunda Guerra, mas as formas de governo que preconizavam impunham limites e divisões ideológicas ao restante do mundo, de forma geral, e à consciência das pessoas no plano individual.

Por representarem formas de governo diferentes, acabaram por cristalizar e endurecer posições e passaram a representar uma séria ameaça uma a outra, tornando cada vez mais factível a possibilidade de eclosão de uma Terceira Guerra Mundial, sem precedentes em termos de destruição.

Desde logo, os Estados Unidos viram na União Soviética um inimigo perigoso do ponto de vista político e econômico e também uma oportunidade de "ouro" para dominar o mundo.

A Guerra Fria teve um de seus momentos mais conhecidos e dramáticos na guerra ocorrida no Vietnã, que consumiu a vida de milhares de jovens norte-americanos e ceifou a vida de famílias inteiras de vietnamitas de forma indiscriminada e cruel.

Em oposição à guerra, jovens dos Estados Unidos rebelavam-se, rasgando publicamente suas cédulas de alistamento. Por isso, perdiam seus direitos civis e passavam a viver exilados em seu próprio país. Com o lema "Paz e Amor" ou "Faça amor, não faça guerra", a chamada contracultura ganhou as ruas e a mídia, transformando-se em movimento amplo, propondo, mais que a defesa de determinadas causas, a reconstrução pura e simples da sociedade com a qual sonhavam, livre de preconceitos e dogmas.

O movimento *hippie* causou grande influência sobre o modo de ser da sociedade, não apenas nos Estados Unidos, mas no mundo todo. Seu ideário incluía mudanças de comportamento frente a temas antes considerados tabus, como sexo, consumo de drogas, vida em comunidade sem distinção de etnias etc. Em decorrência disso, surgiam comunidades alternativas de perfil tribal, que propunham processos econômicos alternativos baseados no artesanato e na eliminação de hábitos que consideravam burgueses, numa crítica às práticas e aos produtos das eficazes indústrias dos produtos enlatados. Nascia uma nova ordem estética, que influenciaria as artes plásticas, a música, a dança, o teatro, a literatura e a moda, até ser aliciada pela mesma indústria que tanto combatera.

Com o fim da Guerra no Vietnã, decretado no ano de 1975, e com mudanças no código civil que resultariam no fim da segregação racial nos Estados Unidos, o movimento *hippie* começou a perder força, até desaparecer quase completamente a partir de meados da década de 1970.

No caso do Brasil, no entanto, em que dividiam espaço com grupos políticos de contornos e posições antagônicas, os *hippies* surgiram tardiamente e sua permanência estendeu-se por mais tempo no cenário nacional. Sua influência serviu para amenizar o rigor com que jovens engajados na luta política interpretavam a vida e a sexualidade. Interferiu, também, na vida daqueles que, mesmo sem perder de vista a política e a situação do país, não viam com maus olhos a liberdade sexual e a nova estética, mas reagiam contra o que interpretavam como ingenuidade, alienação e conformismo.

Fruto dessa tensão, as novas gerações perdiam-se em meio a uma tempestade de ideias e experiências que, além do que já foi mencionado, incluíam crises familiares, limitações e decepções pessoais e certa impotência diante do mundo e da opressiva realidade.

Nos lugares mais distantes dos centros urbanos, somava--se a isso a ignorância acerca da situação política do país, da essência da proposta dos movimentos jovens e da mistura de sentimentos religiosos e problemas familiares. Em razão disso, muitos abandonavam suas casas e famílias, envolviam--se com drogas e dividiam-se em sentimentos e percepções ambíguas, numa sucessão de conceitos malformulados sobre propostas político-sociais, sem encontrar o acolhimento que imaginavam.

Cultura e contestação

Nas últimas décadas do século XX, o mundo viveu uma descomunal crise em decorrência, sobretudo, dos efeitos colaterais da chamada Guerra Fria. Nos quatro cantos do mundo, estabeleceu-se uma forte tensão entre aqueles que, de um lado, queriam mudar os rumos da política, das relações sociais, dos hábitos e costumes e pautavam tais mudanças pelo sentido político que elas adquiriam em um contexto revolucionário, e os que se opunham a mudanças radicais por terem seus interesses diretamente ameaçados.

A Guerra Fria estava por toda parte: na corrida espacial, no desenvolvimento da indústria de tecnologia de ponta, na pesquisa de novas fontes de energia para impulsionar fábricas e gerar riquezas e na criação e no aprimoramento de armas com inestimável poder de destruição. No entanto, mais presente que tudo, a força dessa guerra se manifestava também nos meios intelectuais e acadêmicos, na mídia, entre artistas e críticos, nas escolas, nas igrejas, na política, enfim, entre os chamados formadores de opinião.

Na época da realização da pesquisa, havia no Brasil um generalizado sentimento de repúdio a todo tipo de autoridade, fosse dos jovens em relação a seus pais, fosse dos cidadãos em relação ao regime político então vigente. Em qualquer instância de manifestação de poder, o exercício da autoridade facilmente se confundia com autoritarismo, o que provocava reações diversas, quase sempre sufocadas.

Com olhar e atitudes voltados para as reivindicações de nosso tempo, mas sem descuidarmos dos meios empregados, começamos a sondar a ocorrência de um curioso fenômeno, que mais tarde descobriríamos como um mecanismo psíquico que se traduzia por um processo de formação da identidade. A rebeldia, para nós, passou a ter um sentido mais amplo e mais profundo, que ia além da luta por melhores condições político-sociais. Viríamos a descobrir mais tarde que esse fenômeno é universal e que o processo de conquista da liberdade não se dá de forma simplista, como contraste ou oposição ao processo de formação da personalidade despótica. Não se inventa uma nova civilização sem que se extraia, para a construção de seus alicerces, pedras de antigas ruínas. Da mesma forma, verificamos que a disposição libertadora está impregnada dos elixires produzidos pelo ditador que combatemos com todas as nossas forças.

Naquela época, nossa atenção dividia-se entre o combate cotidiano contra as manifestações da tirania, desde as mais veladas até as mais explícitas, a investigação acadêmica que nos colocava diante dos efeitos colaterais daquele momento particular e a percepção cada vez mais aguda da proximidade dos extremos. Daquele momento em diante, mesmo permanecendo na luta pelos direitos humanos e civis e pela volta da democracia e das eleições diretas, nosso olhar sobre o processo passou a contemplar outro elemento que até então desconhecíamos.

Passamos a investigar o que era e como nascia essa rebeldia que se manifestava independentemente das causas políticas ou sociais, e que se confundia, em sua luta contra o opressor, com o próprio opressor.

Durante muito tempo, o significado que passamos a perseguir ficara mascarado pela necessidade premente de o sistema político ser alterado, de preferência virado de ponta-cabeça. Mas, à medida que nos afastávamos do núcleo da luta direta pelo poder e investigávamos seus efeitos sobre grupos mais à periferia desse processo, a rebeldia adquiria tons e sentidos diversos. À distância do embate direto por valores políticos e ideológicos, a sociedade interpretava e ecoava as informações de acordo com sua realidade, seus interesses e suas limitações.

Deparamo-nos, em nossa pesquisa, com diferentes expressões da rebeldia, que variavam do meramente caricatural até a atitude mais delinquente, passando por espíritos melancólicos ou deprimidos, decepcionados com o mundo e com a realidade, ou sujeitos eufóricos iludidos com o vigor que então experimentavam. Todos jovens, todos rebeldes. Procurando apoio para sua visão de mundo – fragmentos de escolhas malformuladas ou malcompreendidas, arriscando a vida por causas perdidas no interior de labirintos, cujas paredes sem cor repetem-se como sombras.

Não estava no nosso tempo. Na verdade, essa condição da formação do caráter e da identidade é o reflexo perfeito não de um fragmento temporal localizado, mas do próprio processo de construção da civilização. O sentido da rebeldia, compreendia-se então, vertia o significado da aceitação de si mesmo, em toda sua complexidade, e da percepção de que oprimido e opressor combatem entre si no mais profundo de nosso psiquismo e, quando estão ali exaustos da luta, colocam-se em vigília, policiando as atitudes de seu antagonista. Da tensão entre a opressão e a rebeldia nasce o pensamento inquieto e libertador. O autêntico sentido da liberdade não nasce da total invalidação ou da exclusão do outro, mas da tensão entre os opostos.

O desobediente encontra-se à espera da ordem que partirá da autoridade que considera a única aceitável naquele momento, à qual se submeterá cegamente, manifestando assim o contrário de sua aparente rebelião. O obediente, por sua vez, submete-se, na esperança de um dia poder formular ele próprio a ordem a ser seguida. Tal condição permite a ele questionar e criticar a autoridade por não seguir as regras da forma como foram estabelecidas e assim preparar-se ele próprio para ocupar o posto da autêntica autoridade. Esse é o sentido do "des-obede-serás", formulação que encontramos para ilustrar o fenômeno que percebemos naquele período e que passamos a investigar.

2 Tramas da obediência

Obediência e subversão

O comportamento *underground* dos jovens influenciados pela cultura *hippie* levou a resultados inesperados, entre os quais, um grande interesse pelas religiões orientais e pela compreensão do funcionamento da mente. O psicodelismo da época despertou em muitos o desejo de melhor conhecerem-se por meio da prática da meditação, do interesse pelo ocultismo e pela psicanálise. Isso talvez explique a popularidade alcançada por autores como Sigmund Freud, Carl Jung e Wilhelm Reich naquele período. Mesmo Freud tendo sido o menos popular dos três, o interesse por sua obra revelou-se constante. A psicanálise tem se mostrado uma ferramenta importante para o desenvolvimento e a proposição de ideias e para o debate de questões ligadas à filosofia e ao cotidiano das pessoas.

Freud também foi um rebelde. Um rebelde que teve contra si uma casta de cientistas e pesquisadores reconhecidos de seu tempo. Ele defendeu sozinho o funcionamento e a existência de algo que não podia ser visto nem tocado: o inconsciente. A alma, que até então era objeto de interesse de filósofos, religiosos e poetas, passou para a esfera de interesse também da investigação científica. A invenção da psicanálise rompeu com os paradigmas científicos do século XIX, propondo, a partir das normas existentes, nova compreensão do conceito de objetividade.

A ruptura com antigos paradigmas não resultou em abdicação dos fundamentos da ciência positiva. Ou seja, a rebeldia de Freud não se propunha como marginal ou excludente. Sua luta ocorreu no centro nervoso do *stablishment* científico da época. Isto é, sua desobediência, desconfiança das pressuposições teórico-metodológicas da época e sua coragem para "recusá-las", foi o caminho para reafirmá-lo enquanto cientista. A *rebeldia científica* de Freud foi o que o consagrou como um novo *cientista*.

Psicanálise: instrumento de investigação e pesquisa

A descoberta do inconsciente revelou a existência de um **determinismo psíquico** que põe em xeque o controle da consciência, que força o homem a suprir a necessidade, cada vez mais imperiosa, de autoconhecimento. Assim, ele pode sentir-se mais responsável por seus atos e seu destino.

A psicanálise na sociedade ocidental tem sido instrumento de pesquisa acerca da vida mental, do psiquismo, enquanto inconsciente e dos fenômenos humanos e seus sentidos. Isto é, ela é recurso para ampliação do conhecimento em aspectos que dizem respeito ao sujeito e que ele não reconhece como seus, enxergando-os nas pessoas que o cercam: colegas, vizinhos, parentes ou amigos.

Por essa razão, a psicanálise, embora também seja uma construção cultural, pode ser compreendida como instrumento de desfazer ilusões, cuja vocação mais incisiva é, como

A REBELDIA E AS TRAMAS DA DESOBEDIÊNCIA

afirma Fábio Herrmann (1999), exibir ao indivíduo e à sociedade o absurdo de que são constituídos.

Freud interessou-se pelo cotidiano. Dedicou-se ao estudo das ações e reações que eram até então consideradas sem sentido no que diz respeito à vida e ao convívio das pessoas (Freud, 1968). Em seu trabalho *Sobre a psicopatologia da vida cotidiana*, reuniu exemplos de comportamentos que escapam à intenção do autor e que resultam do domínio de uma força que não é consciente. Deu a esse conjunto de "atos falhos" um nome que pode impressionar os inimigos: "parapraxias".

Determinado nome impõe-se à memória em lugar daquilo que se tenta dizer. A informação que se esquece, o compromisso que se apaga de nossa agenda mental, a perda de objetos ou de uma data que, mesmo registrada, passa despercebida, não se refere a acontecimentos casuais nem exceções, mas são legítimos aspectos de nosso dinamismo mental vencedores da batalha interna por: quem se expressará?

Quando alguém inicia um evento dizendo: "É com muito prazer que encerro as atividades de hoje", além de provocar espanto ou risos, experimentará algum constrangimento. Ao esquecer o nome de seu(ua) melhor amigo(a) ou namorado(a) sem estar acometido por algum problema mental, também se verá em grave dificuldade. Nada agradável também é esquecer-se de um compromisso para o qual previamente deu-se toda a atenção e tomou-se todo o cuidado, mas que, no dia agendado, apaga-se da memória.

Freud viu nisso uma interdependência entre memória e afeto. O modo de difusão e popularização desse mecanismo foi responsável pela crença de que, em tais circunstâncias, as pessoas agiam a contragosto e que, como Freud bem explicou, o esquecimento prova a existência de uma relação mais complexa do que se poderia esperar no que diz respeito a pessoas ou situações esquecidas.

Mesmo evitando-se generalizações ou simplificações, é certo que a investigação da vida afetiva pode mostrar que os atos falhos denunciam nosso funcionamento mental. Como se, do embate interno de forças opostas, uma delas, a que forçava a revelação, prevalecesse, bloqueando alguns componentes para ocultar determinados conteúdos.

A vigilância constante para a ocultação concorre com a disposição para realizar algo, diluindo-a. Para combater algo, a pessoa-organismo precisa reforçar a atenção e recorrer a recursos muito desgastantes para o corpo e para a vida de relações. Mais adiante apresentaremos vários exemplos desse mecanismo.

Num sentido mais amplo, classificaram-se tais ocorrências como sintomas, mas em graus que envolvem não mais do que falhas desculpáveis e que não comprometem em demasia a vida e o convívio. São os chamados atos falhos ou, como definiu Freud, "psicopatologias do cotidiano", isto é, sintomas corriqueiros que integram o dia a dia.

A importância dessa descoberta de Freud reside no fato de que os sintomas impõem sofrimento e revelam um conflito psíquico. Guardam a função de "resolver" esse conflito mascarando-o, não deixando que apareça, a não ser por **metáforas**. Os atos falhos representam um algo a mais na vida que, quando desvelado o nó que os produz, não tem mais razão de existência.

Os atos falhos, os sintomas e, principalmente, os sonhos são outros aspectos de nós mesmos; são produções nossas e não de outrem, resultam daquelas entidades que nos constituem nos bastidores de nossa existência e de nossa forma de ser. Somos nós em toda nossa complexidade, esses outros, nossos demônios (os ódios, as agressões, a inveja), nossa capacidade de destruição e de criação.

Sendo assim, a maneira como o sujeito se representa, isto é, sua identidade, é consequência da redução e do isolamento de aspectos que não se harmonizam e por isso representam apenas uma parte do que ele de fato é.

Isso é o que procuramos trabalhar quando nos pusemos a decifrar os elementos subliminares presentes nas entrevistas com jovens adolescentes de ambos os sexos, na busca de um significado mais amplo para a rebeldia e a obediência.

A definição que alguém tem de si pode ser interpretada como defensiva no sentido de pretender garantir alguma coerência de identidade. O investigador tomará o relato como encobridor da identidade de um sujeito e ampliará os sentidos que o discurso possibilita.

Palavras, frases e texto são tomados como metáforas do funcionamento mental. A psicanálise fundamenta-se na descoberta de que na fala, ou na expressão, há mais sentidos do que se apreende imediatamente quando considerada apenas a forma, a aparência.

Fala, atos falhos e sintomas elaboram-se para ocupar o lugar de algo conflitivo. Expressam algo para representá-lo para o sujeito ou a realidade. A cura significa, a partir de Freud, desfazer esse "a mais" ou "a menos" que impõe algum nível de sofrimento ao sujeito ou aos que com ele convivem.

Freud constatou que, desfeito o nó, não há mais razão para a existência desses substitutivos. Ele desenvolveu esse trabalho de desatar nós com suas pacientes histéricas. Segundo ele, como um escultor, não como um pintor; retirando camadas mais superficiais dos relatos, escavando, *per via di levare*, deixou que emergissem outros sentidos para além daqueles com os quais o narrador se esforçava para convencer o analista.

Escutando mais do que falando, procurou saber o alcance da comunicação daquele que, ao falar, argumentava, reclamava, exibia-se ou procurava uma lógica para explicar a si e a suas relações. Desse modo, a fala constrói-se para expressar uma falsa realidade, para significar e atualizar.

Nesse sentido, o psicanalista francês Pierre Fédida afirmou que "com as palavras pode-se sempre mentir" (1988, p.20). A palavra é feita para mentir. A fala é uma construção de um "querer dizer" cujo sentido é interpretável não na forma de uma explicação ou resposta, mas como uma reunião de indícios no seio da dispersão de um relato ou de "ruptura de campo", como descreveu Herrmann (1991; 1999).

Na ampliação de sentidos do discurso dá-se a análise, que se opõe à ideia de explicação, síntese ou, portanto, resposta. Deve partir daí, provavelmente, a crítica a respeito do silêncio dos psicanalistas quando em situação de análise de um paciente. O silêncio deles é trabalho de pesquisa, permite a expressividade na tentativa de organizar sentidos. A intenção é investigar a eficácia do inconsciente sobre a vida emocional, sobre a organização da vida afetiva e das relações que ela constrói.

No caso de um tratamento, a investigação é a mola-mestra. Na apreensão pelo sujeito de seus aspectos impensáveis, desconhecidos (por terem sido exilados) e de uma ressignificação desses elementos, há uma nova construção de sua identidade e de sua realidade, isto é, da experiência de si, de ser, e da maneira como vê o mundo.

Isso não significa, entretanto, que o inconsciente possa tornar-se consciente em bloco e assim possibilitar a transformação da pessoa em tratamento psicológico, em situação de análise, em uma pessoa feliz. Freud chamou a atenção para o fato de que o tratamento, que significa cuidado com o inconsciente, refere-se tão somente à substituição do sofrimento psíquico (neurose) pela consciência de maior disposição do eu no exercício de suas funções, como julgar, discernir, adaptar, tolerar a angústia, sentir prazer, criar, conhecer etc.

O sofrimento, então, adquire outro *status* e, ao que tudo indica, transforma-se em experiência produtiva, porque torna a ambivalência em experiência dos contrários, mas não tomada como *ou* isso *ou* aquilo...

Essa troca não é pouca coisa, dado o desgaste emocional e de energia vital que os sintomas produzem na vida das pessoas, afetando o que Freud denominou *economia psíquica* do sujeito.

Interessa ao nosso propósito ressaltar que a descoberta central de Freud reside no fato de que a comunicação verbal (a fala, a conversa) transmite mais sentidos do que aqueles que se oferecem ao conhecimento e apreensão imediatos.

Nesse sentido, a comunicação verbal é ao mesmo tempo processo de encobrimento e de revelação da forma como o sujeito elabora e organiza seu mundo. Ela expressa essa elaboração.

Na experiência com o atendimento de pacientes com histeria, Freud pôde demonstrar que as palavras são carregadas de sentidos ocultos e que a realidade vivida por alguém pode ser desmentida pelo que ele mesmo diz.

O exemplo mais corriqueiro dessa situação pode ser dado pelos *lapsus linguae*. Conforme observamos, Freud mostrou que o lapso exemplifica a existência de forças (mentais) que trabalham em oposição. A palavra que não deveria ser dita e, no entanto, o é revela uma "intenção oculta", revela intenções diferentes em jogo, que concorrem entre si.

Freud ressaltou, ainda, o quanto a insistência numa negação pode guardar uma intenção contrária, um valor com sinal oposto. Como na matemática, em que menos com menos resulta em mais, também a fala que reitera insistentemente a negação, evoca o sinal positivo, a positividade daquilo que se nega.

Para se apreender os sentidos das palavras ou ações, é preciso interpretá-las. Isso não coincide com explicações ou respostas definitivas como se fossem chaves fixas para tradução. Para além dos significados aceitos por convenção, a investigação psicanalítica demonstrou a existência de um sistema de regras que participa da organização do inconsciente. Essas regras desvendam outra lógica distinta da lógica do cotidiano. O sentido do discurso não se encontra, portanto, em sua intencionalidade consciente, mas pode ser apreendido pela interpretação das regras que organizam o comportamento manifesto, ou seja, no sistema inconsciente, este sim o campo produtor da riqueza dos significados dos fenômenos.

A partir da afirmação da existência do inconsciente é evidente a inauguração de um novo caminho para o estudo do que Freud chamou de metapsicológico e do sentido dos fenômenos humanos.

No percurso da experiência do tratamento de "doentes dos nervos", os neuróticos, Freud pôde mostrar que, a partir de ideias aparentemente sem sentido comum, pode-se construir (na verdade, reconstruir) uma história plena de significados em relação ao seu autor.

Nasce dessa operação o método interpretativo da psicanálise (Freud, 1968) para o tratamento das doenças psíquicas e a investigação dos esquemas ordenadores do funcionamento mental, os quais explicitam os diferentes níveis de elaboração do mundo humano; útil, como crítica da realidade.

A psicanálise ocorre mediante interpretações, isto é, juntando-se diferenças, semelhanças, comparando, buscando-se regras organizadoras de significações que traduzam o próprio sujeito. Nessa tarefa, busca-se retirar do discurso, *per via di levare*, significados coerentes. Reconstroem-se fragmentos de relatos, juntam-se partes aparentemente desconexas, levando-se a atenção para além das aparências, tanto nos esquematismos e nas recorrências quanto nas lacunas, a fim de apreender-se o funcionamento do sujeito, sua metapsicologia.[1]

---

1   Metapsicologia: termo criado por Freud para designar a psicologia por ele fundada, considerada na sua dimensão mais teórica. Trata-se de uma psicologia que leve "ao outro lado da consciência", relativamente às psicologias da consciência (Laplanche; Pontalis, 2001, p.361-2).

Esse procedimento tende a pôr à mostra não o sentido verdadeiro do relato de alguém, mas que pode haver "outra coisa" sendo veiculada por ele.

Ao dizer que uma fala comporta sentidos inconscientes, Fábio Herrmann (1991) observa que não se postula que uma entidade misteriosa – "o inconsciente" – participa de sua constituição, mas que outros sistemas podem ser utilizados na compreensão do discurso em que eles foram aplicados e que o resultado obtido é coerente consigo mesmo.

Nesta exposição sucinta, o que procuramos expor é o que em pesquisa denomina-se **fundamentação teórico-metodológica**. Isto é, considera-se que o sentido do relato pode ser ampliado para além do imediato e que o modo de apreender os possíveis sentidos, isto é, o método (o caminho percorrido) diz respeito ao trabalho de buscar aquilo que se apreende na tessitura do relato, ou seja, os fios de sentido que constroem e sustentam esse relato.

Nesse ponto, deve-se mencionar que, no tratamento psíquico, a interpretação faz emergir o inconsciente como estrutura profunda e geradora de sentido. Mas é possível também estender a investigação psicanalítica de temas específicos para fora do trabalho com pacientes em consultório. Neste sentido, pode-se falar, em concordância com Herrmann (2000, p.81), em análise não clínica como uma atividade de pesquisa ou psicanálise vertical.

Por esse caminho, procuramos conhecer os movimentos de problematização da identidade e o sentido da rebeldia, tendo como ponto de partida os processos particulares de sujeição ao cotidiano educacional.

Consideramos que a expressão ilustra o movimento de construção da identidade como instrumento de compreensão ampliada do sentido da rebeldia/obediência e permite a reconstrução de significados coerentes e o relacionamento de dados de uma biografia que não se confrontavam entre si.

Por esse caminho, procuramos expor o modo pelo qual as generalizações sobre a natureza opositiva do comportamento rebelde se especificam no quadro da formação de identidade.

A interpretação diz respeito à busca de uma unidade de sentidos que se constrói em meio a diferentes assuntos que, de tanto se reapresentarem, "impõem" a presença de um significado.

O conjunto de dizeres passa a apontar para certa área comum de significados. A mudança de assunto é considerada aparente e por isso procura-se uma área comum para a qual os assuntos correm, numa convergência de sentidos.

Na procura de um princípio ordenador, o pesquisador (analista) age como um cego pensante, reunindo várias representações parciais para montar o roteiro imaginário do funcionamento mental. Esse é o princípio de "ruptura de campo" referido por Herrmann (1991). Dito de outro modo, trata-se de escutar o discurso fora do campo de sentido oferecido, de modo intencional, ao investigador (pesquisador, entrevistador, psicanalista) até que se possa apreender as regras que organizam as representações. No nosso caso, relacionadas à juventude e à rebeldia.

3 Rebelião, obediência e liberdade

No princípio foi o ato. Em *Totem e tabu* (1968), Freud argumentou em favor de que a história da organização social tem sua gênese num levante contestador e revolucionário. Ele justificou essa afirmação tomando a origem da sociedade conforme registrada em diferentes culturas. Nelas, a origem da vida em comunidade está condicionada à subversão da ordem na qual os chefes tribais reservavam para si o direito de possuir todas as mulheres que nascessem em seu clã.

Para garantir o direito de também amar e gerar descendentes, os filhos rebelaram-se e decidiram eliminar o pai tirano e egoísta. Em seguida a esse ato de rebeldia, os novos líderes estabeleceram paradigmas de justiça e direito que deveriam ser observados para que a paz prevalecesse.

A ação de destruir tendo como objetivo a liberdade (rebelião) fez renascer a *autoridade* e a *ordem* (obediência), que garantiriam a segurança da vida e da convivência grupal.

A rebelião contra o poder do pai primevo, concretizada com seu assassinato pelos filhos, instituiu a tradição no exercício e na alternância do poder e serve para ilustrar a forma pela qual se dá a transição e a identificação com o poder.

Na prática do poder destituído encontrava-se, essencialmente, o modelo de poder que seria praticado pelos chefes tribais posteriores. Esse é um princípio de alternância de poder observável em diferentes lutas, das mais antigas às mais recentes, entre gerações diferentes ou mesmo profissões de fé políticas ou religiosas que se propõem antagônicas. Daí a universalidade e a relevância das descobertas psicanalíticas, não apenas como forma de tratamento de problemas emocionais, mas principalmente como ferramenta de compreensão do que há de irracional em algo racional no modo como o ser humano constrói e destrói valores, ora avançando, ora retrocedendo acerca de suas próprias concepções civilizatórias.

Freud utilizou o totemismo como referência a um sistema que provê a base da organização social entre os povos primitivos. Descreveu o totem como uma classe de objetos materiais que o sujeito tribal encara com superstição e respeito.

O totem protege o homem, e o homem, por sua vez, mostra respeito por ele. O totemismo, como sistema social, consiste nas relações dos integrantes do clã entre si e com os integrantes de outros clãs.

O aspecto social do totemismo se expressa, principalmente, por um respeito severo e algumas restrições. As restrições: não matar ou comer o totem e não casar nem coabitar com uma mulher da mesma tribo (o que poderia significar a mãe ou as irmãs).

Na base desse conceito está a suposição de que, num estágio primitivo da sociedade, encontra-se uma horda original, na qual se pode assistir a um pai violento e ciumento, que, para garantir para si todas as fêmeas, expulsava os filhos conforme estes cresciam.

Os filhos exilados retomaram juntos, mataram e devoraram o pai temido e invejado, colocando um fim ao patriarca e passando, a partir de então, a ocupar o lugar dele. No ato de devorar o pai, os filhos realizavam a identificação com ele e adquiriam parte de sua força.

O objetivo da rebelião contra a primeira forma de domínio entre os homens era a dissolução da ordem estabelecida. O assassinato do pai destruiu a tirania que preservava a vida do grupo. Libertados da dominação, os homens se perceberam privados da proteção que ela assegurava. Uma vez consumada a apropriação do poder, a afeição dos filhos em relação ao pai, que durante todo o tempo havia sido reprimida, ressurgiu sob forma de remorso.

Freud avalia que o pai morto tornou-se ainda mais forte do que quando vivo. Aquilo que, até então, fora proibido pela existência real do pai passava a ser proibido pelos próprios filhos. Na atualidade, esse mecanismo pode ser observado cotidianamente e, na educação, ser nomeado como **obediência adiada**.

O crime contra o pai foi, da mesma forma, contra o equilíbrio do grupo e, por conseguinte, contra a preservação dos próprios indivíduos. Disso nasciam a resignação e a culpa, expressão do conflito da ambivalência de ódio e amor em relação ao pai.

A consequência do crime foi a angústia e a ansiedade, pois o ato implicou a supressão da dominação e prometia uma sociedade sem o pai, mas que, ao mesmo tempo, ameaçava o equilíbrio e a vida do grupo.

Durante certo tempo, a revolta permitiu a quebra da dominação, inaugurando uma liberdade que, em seguida, também seria suprimida pelo exercício da nova autoridade que reivindicaria para si o direito de exercitar o poder de forma quase ou mais cruel que a anterior.

Restaurou-se a autoridade do pai como consequência do ato rebelde no próprio filho, que impôs ao grupo, e a si mesmo, obrigações e restrições que não podiam ser violadas até que outro viesse a insubordinar-se.

A dominação foi restabelecida com a substituição do pai pelos filhos e o pai primordial passou a ser deificado, transformando-se em força interior. A partir desse momento, matar o pai tornou-se tabu.

A barbárie revisitada

Tais transformações reproduzem, sob formas variadas, o velho sistema de dominação que ultrapassa a esfera das relações pessoais e funde-se com a autoridade constituída e as instituições.

No ensejo de compreender melhor essa dinâmica, Freud analisa a origem da civilização segundo o ciclo dominação-rebelião, seguida da reafirmação da dominação que não será apenas repetição da antiga; antes, trata-se de outro modo de dominação sob forma de um controle mais eficaz. A opressão promove a liberdade e esta redunda em reafirmação da dominação e da repressão introjetadas.

O que Freud supôs tem valor teórico, pois ilustra a dinâmica domínio-rebeldia, revelando as bases da organização social humana. Baseia-se na hipótese de que o crime primordial (o par rebelião e sentimento de culpa) reproduz-se ao longo da história sob diferentes formas. O conflito de gerações na contestação da autoridade estabelecida seria um exemplo dessa modificação do crime primordial. A revolta e o arrependimento subsequente (por identificação com a autoridade) promovem a restauração da autoridade.

Mas matar o pai ou abster-se de fazê-lo não é realmente a coisa decisiva. Nos dois casos, o conflito de ambivalência tem a mesma função. Podemos considerar a história do crime primordial como ilustração do processo a que está submetido o homem para adquirir a condição de humanidade e moralidade; uma história que expressa a dinâmica da formação de sua identidade.

A REBELDIA E AS TRAMAS DA DESOBEDIÊNCIA

A hipótese apresentada elucida o processo de identificação da rebeldia com o poder contra o qual se opõe. Em consequência da desobediência e da culpa, portanto, a autoridade (encarnação da ordem) restabelece-se (por identificação) dentro de cada indivíduo. Introjetadas, a ordem e a dominação são exercidas pelo indivíduo sobre si mesmo, adquirindo a forma de autonomia e, portanto, de liberdade.

Leis e modelos de autoridade convertem-se, desse modo, em leis pessoais e próprias, que consolidam e definem a liberdade dentro dos limites da dominação. Em consequência, a liberdade individual decorre, portanto, da necessária não liberdade.

A personalidade individual é manifestação congelada dos processos sociais de coação e de repressão às quais está submetida. Diferentes fases de desenvolvimento histórico dos organismos e instituições sociais representam as tentativas de aperfeiçoar o domínio sobre a natureza e os homens, com o objetivo de se alcançar o bem-estar e a felicidade.

Entretanto, como mostrou Herbert Marcuse (1975), o aperfeiçoamento das formas de dominação as torna crescentemente impessoais, impedindo que os indivíduos dominados tenham a percepção e o reconhecimento do agente da dominação. Este, embora não seja percebido, manifesta-se em todo o sistema.

Em seu livro *Eros e civilização* (1975), Marcuse comprovou que as instituições haviam superado as influências originadas das relações pessoais como meio de satisfação. O transbordamento da influência educacional do interior da família para instâncias impessoais permitiu, segundo o autor, que as reações de rebeldia acabassem sem alvo ou destino definidos.

A função do pai estendeu-se para as instituições que ensinam o filho a tornar-se um membro da sociedade. Com o progresso da civilização, a dominação distribui-se por toda a sociedade.

Nesse contexto, os meios de dominação avançam para a impessoalidade e promovem opressão e rebeldia igualmente impessoais, isto é, voltam-se contra qualquer manifestação que possa representar a ordem vigente, resultando em ações marcadamente irracionais ou aparentemente fortuitas.

Ao intentar o domínio racional sobre o mundo, o homem defronta-se e surpreende-se cada vez mais com a direção irracional que tomam seus feitos.

Do múltiplo ao uno

O projeto educacional requer a existência de indivíduos que se reconheçam como unidades autônomas com identidade e que se responsabilizem por seus atos. Torna-se necessária, por esse motivo, a superação das tendências antagônicas.

Contemporaneamente, a autorrepresentação adquire contornos particularmente problemáticos no processo de reconstrução da representação da unidade do sujeito. As condições sociais de uma época funcionam como moldes para as experiências individuais e para a experiência de si.

Tomando as contribuições de Freud acerca da consciência do eu, podemos ver que, além da dimensão anatômica e biológica, o corpo é um suporte para apreensão e representação de si e do mundo.

No início, há um contato fragmentado com o mundo. Tudo se passa como se o **outro** fosse parte do próprio corpo do sujeito, ele não existe fora dele. Essa fragmentação dará lugar a uma representação unificada de um eu e marca a perda de uma espécie de fusão com o mundo material. O luto ocorre com a perda dessa condição e corresponde ao ponto culminante desse processo.

No caminho para a construção da relação sujeito-mundo encontra-se a identidade de percepção. Nele, o ser humano tenta recuperar a unidade perdida e reencontrar o objeto original de satisfação. Esse processo representa o fim da fusão com o mundo e o surgimento de uma unidade oposta ao funcionamento fragmentado da sexualidade.

A representação recria, de forma alucinatória, o que foi perdido. Pode-se falar no nascimento do desejo como arquiteto da busca infinita por algo que está no campo da impossibilidade. Por essa perspectiva, desejo e vontade não são sinônimos, pois a vontade nasce do desejo.

O eu expressa uma história de lutos e, em decorrência, aquilo que foi excluído permanece no inconsciente, constitui o eu inconsciente. O caráter do sujeito resulta da articulação entre os investimentos e as identificações afetivas (objetais).

Vemos, em Freud, que as identificações substituem as interdições. Por isso, a história de construção do eu encerra a história dos investimentos perdidos. A condição originária do eu é a representação de coerência, sendo que a unificação e a harmonia das representações correspondem à função essencial do eu naquilo que somos e desejamos nos tornar.

A construção do eu exige constante manutenção de uma unidade representacional, tarefa que é corroborada pela história e na qual o eu se reconhece, demandando permanente autoconstrução em que o futuro se insere como ponto de referência e esperança por uma estrutura sempre idealizada.

O eu resulta da contração dos múltiplos aspectos do homem e da busca de equivalência entre representações, garantindo unidade autorrepresentacional, que significa alguém poder responsabilizar-se por seus atos e alcançar a unidade coerente do caráter. O eu aspira à identidade e exclui, para esse fim, os elementos que não se harmonizam no campo representacional e isola as contradições.

Para Aulagnier (1979), o eu é o saber do eu sobre o eu, e por isso ele se constitui numa unidade sempre problemática, porque há um saber negado que é a condição de existência do eu e também sua angústia.

O eu é e se conhece, inevitavelmente, por meio das relações e da dependência de outro. A cultura orienta seus projetos identificatórios e os conforma por meio das instituições família, escola e grupos sociais.

O que o homem projeta diante de si como seu ideal é o substituto, para Freud, do que foi perdido. O eu projeta no futuro um reencontro com o passado e a noção de futuro passa a integrar a existência do eu. A condição de existência de um eu circunscreve-o, então, no tempo e na história.

Fábio Herrmann (1999, p.102) nos lembra que embora o eu, para Freud, seja definido a partir das pulsões[1] com a realidade, sendo, portanto, fruto da coação externa e de renúncia, é preciso dizer que a renúncia ao prazer não visa somente à sobrevivência do organismo, mas é também um sistema de representação: a identidade do eu. O eu assim construído, sendo tanto **agente** quanto **alvo** de ações psíquicas, deve ser ressintetizado continuamente pelo sacrifício de prestígio representacional de todos os demais eus.

Para Herrmann, embora seja impossível identificá-las, há um mundo de memórias e experiências de afetos e de representações anteriores ao surgimento do eu.

A partir desse entendimento sobre o eu, o inconsciente também não pode ser pensado como **unidade**, já que cada sistema de ação e representação, **cada eu**, comporta sua

---

1 Pulsão: processo dinâmico que consiste na pressão ou força (carga energética) que faz tender o organismo a um alvo. A pulsão tem sua fonte numa excitação corporal (estado de tensão); seu alvo é suprimir o estado de tensão que reina na fonte pulsional; a pulsão é, para Freud, a força que se postula por detrás das tensões geradoras das necessidades do Id. (Laplanche; Pontalis, 2001, p.506-7). Id: instância considerada, por Freud, o reservatório de energia pulsional e psíquica. Seus conteúdos: hereditários, inatos, recalcados e adquiridos (ibidem, p.287-9).

própria dimensão inconsciente e é afetado por complexos inconscientes, não necessariamente idênticos.

É importante enfatizar que o eu congrega um feixe de representações dominantes, cujo interesse exige a invalidação, como vimos, de outros conjuntos superados, outros eus.

Na luta pelo controle da consciência, essas formações vencidas não desaparecem, porque são relegadas ao inconsciente, ou melhor, formam inconscientes relativos a outras unidades potenciais do sujeito. O problema é que manter tais unidades sob controle exige como tarefa a criação de **mecanismos de defesa**. Tudo se passa como guerra no interior da personalidade, em que o eu não pode simplesmente eliminar os sistemas de representação que têm valores emocionais discrepantes da norma psicológica do indivíduo. O eu recorre a expedientes de disfarces e ocultamento como, por exemplo, o da transformação do **princípio do prazer** – que opera contra suas próprias tendências – em sofrimento. Um exemplo importante é o da **angústia sinal**.

Com esse raciocínio, percebemos que a unidade do eu é principalmente um efeito de **ilusão** posicional. Isto é, as sínteses criam os eus, cada qual único para o olhar que ele mesmo produz.

A possibilidade de falar do eu está subordinada à existência de um conjunto de representações que formam um sistema relacional coerente, a que chamamos **identidade**. Trata-se da vitória de uma representação da coerência do saber sobre o eu, que pode ser descrita como "ilusão do mesmo" (Herrmann, 1985).

Observe-se que ilusão neste sentido não deve ser entendida como erro, mas como representação, eficiente e verdadeira para o psiquismo, de ser **in-divíduo**, independentemente da pluralidade de pessoas que passam a habitá-la.

Ressalta-se aqui a função defensiva da representação que, como mecanismo de defesa, esconde o que deve esconder e é parcial. Ela isola, na medida do possível, contradições e disparidades, resquícios que podem atrapalhar a harmonia. Como diz Herrmann (1991), a representação mente com a melhor das intenções, negando o descompasso profundo entre o **real** e o **desejo**, descendente da satisfação alucinatória infantil.

Entendemos a identidade como a superfície interna da representação e a realidade como sua superfície externa. A representação, como função defensiva (que deve manter o sujeito informado sobre o próprio eu), por um lado, constrói a identidade e, por outro, organiza o restante do conhecimento sobre o mundo.

A representação harmônica de si e do mundo depende da solidez da superfície representacional, isto é, da função psíquica que sustenta as representações vigentes para o sujeito e que recebe o nome de **crença**.

É importante chamar a atenção para o fato de que, se a identidade é algo que se alcança, também é algo que se pode perder. Apesar de parcial, ela é uma ilusão necessária – condição para que respondamos por nossos atos.

A representação de identidade é, então, pensada a partir dos emblemas de que pode-se investir na pessoa. O processo de humanização exige que o sujeito alcance uma unidade coerente de caráter. Sendo assim, resulta de renúncias no sentido de que se exige dele unidade e mesmidade. Essa unidade congrega representações centrais que, por sua vez, congregam-se na identidade.

■

4 Adolescência

A adolescência é essencialmente um movimento de ruptura e reconstrução do sujeito para si mesmo e para as suas relações. Trata-se de um processo de reestruturação psíquica que refaz a representação de si e da realidade, do mundo das relações e dos ideais.

Ao mesmo tempo, a conquista da emancipação implica o trabalho do luto originado das significativas perdas decorrentes do fim da condição de ser criança, refletidas nas mudanças físicas, na transformação das relações com parceiros e autoridades educacionais.

Na percepção das mudanças físicas e emocionais e das relações sociais e afetivas, o adolescente faz experimentos de oposição e adesão a autoridades e sistemas normatizadores, vivenciando intensamente a complexidade das regras e a importância do acolhimento e dos limites.

Costuma-se pensar a adolescência como um meio de autovivência e as relações com autoridades educacionais (família ou escola) como etapa da vida em que ocorrem transformações de ordem fisiológicas e psicológicas e dos papéis sociais e intelectuais.

A psicanálise – em sua pesquisa acerca do psiquismo (inconsciente) – ajudou a melhor compreender a adolescência ao possibilitar uma leitura mais aguçada de seu funcionamento psíquico. Embora tenha acumulado conhecimento a respeito de suas contradições e peculiaridades, a difusão das teorias parece ter resultado na ideia de que a adolescência é um período da vida caracterizado por comportamentos agressivos e transgressores.

Em 1905, Freud descreveu as mudanças que a puberdade impõe à sexualidade infantil, considerando como a principal delas a necessidade de um "novo" objeto de amor. Com o primado da genitalidade e a possibilidade de concretização do ato sexual, deve-se fazer a escolha do objeto de amor fora da família. Para Freud, o desenvolvimento da puberdade dá novo ímpeto à sexualidade e as mudanças de conduta, lugar a um novo tipo de relação com os pais, promovendo um embate pelo fim da autoridade paterna. Isso, segundo Freud (1968), caracteriza a luta de gerações.

As mudanças físicas e orgânicas da puberdade são responsáveis pelo aumento do narcisismo[1] original. Ao indagar-se sobre quem é, o adolescente provoca um rearranjo das identificações. O conflito central que se estabelece, a partir daí, caracteriza-se por um movimento em direção à autonomia e, ao mesmo tempo, à manutenção da dependência em relação aos pais (ou quem os substitua).

O conflito se expressa, por um lado, pelas flutuações de comportamento, contradições irreconciliáveis, necessidade de busca e rejeição de identificações e, por outro, pelas dificuldades de adaptação que resultam em diferentes fenomenologias conhecidas como "crise de identidade adolescente".

---

1   Narcisismo: referência ao mito de Narciso, amor pela imagem de si mesmo. Em Freud, narcisismo primário designa o primeiro narcisismo, o da criança que se toma a si mesma como objeto de amor, antes de escolher objetos exteriores (Laplanche; Pontalis, 2001, p.365-6).

Essa crise representa uma busca de unidade psicológica, que pode ser definida pela conquista da emancipação nos níveis sexual, social e psicológico, e culmina com a relativa estabilidade das identificações e o desligamento da autoridade, característico da inserção na fase adulta.

Em *Três ensaios sobre a teoria da sexualidade*, de 1905, Freud afirma que o desenvolvimento da puberdade, ao dar novo ímpeto à sexualidade, aumenta a tensão nervosa, de modo que as mudanças biológicas fazem-se acompanhar por mudanças de conduta (Freud, 1968).

O aumento da tensão libidinal faz reviver a relação com os pais e com os objetos incestuosos da infância numa segunda situação edipiana que deverá ser superada, substituída por um novo tipo de relação com eles.

As fantasias masturbatórias, comuns na adolescência, estão, para Freud, ligadas à masturbação infantil. Quer dizer, nas fantasias, as tendências infantis invariavelmente renascem intensificadas e direcionadas aos pais.

Na observação de Freud, ao mesmo tempo em que essas fantasias claramente incestuosas são superadas e repudiadas, completa-se uma das mais significativas e também mais dolorosas realizações psíquicas do período puberal: o rompimento com a autoridade, um processo que, sozinho, torna possível a oposição entre a nova e a velha geração – tão importante para o progresso da civilização (Freud, p.232).

O rompimento com a autoridade dá-se num contexto fundamentalmente intersubjetivo, isto é, a experiência que o adulto tem de si proporcionará elementos importantes na própria experiência do jovem e a ruptura acontecerá em meio a conflitos entre autonomia e dependência.

Atitudes oscilantes e radicais indicam um protesto contra a dependência e, ao mesmo tempo, um meio de manutenção desta. A manutenção da dependência garante a permanência do amor dos pais diante da saída da infância.

A adolescência é, ao mesmo tempo, como afirmou Renato Mezan (2002, p.261), uma ideia e uma realidade psicossocial. Uma ideia que vai surgindo a partir de meados do século XIX e uma experiência de si instituída pelas condições sociais de uma época.

Em nossa cultura, a adolescência consiste num conjunto de processos psíquicos relativos à reconstrução da identidade pessoal e social, em direção à conquista de uma condição de adulto. Observa-se, neste ponto, que a adolescência não se afirmou como um conceito psicanalítico, e sim a puberdade. Freud a descreve como relativa a um momento do percurso da libido (energia sexual) do sujeito e implicada sua identidade e sua realidade.

Adolescência e rebeldia

Resultado de pesquisas com adolescentes, este livro tem como objetivo demonstrar o significado da atitude contestatória em relação ao projeto educacional. Procura ser uma contribuição a respeito do dinamismo psíquico da rebeldia no contexto da formação da identidade. Mas, antes de tudo, é fruto de uma experiência pessoal da autora como psicóloga e educadora, cujo contato com jovens, durante anos, suscitou muitos questionamentos a respeito do caráter rebelde atribuído à adolescência, tantas vezes mesclados de exigências de subordinação a normas.

Nossa pesquisa, ainda que involuntariamente, atendeu a uma determinação histórico-social. Nas últimas décadas do século XX, o Brasil viveu a passagem de uma situação de extrema ausência de liberdades, fossem políticas, sociais, de pensamento etc. para outra, em que a liberdade sem limites (beirando a barbárie) transformou-se no elemento limitador da liberdade individual. Não há, como houve num passado não muito distante, nada que impeça a frequência a lugares

A REBELDIA E AS TRAMAS DA DESOBEDIÊNCIA

ou reunião ou passeios por ruas e praças a qualquer hora, a não ser a violência crescente, difusa e sem freio das metrópoles.

Pressupondo os mecanismos dinâmicos formadores da ambígua relação entre rebeldia e identificação e entre liberdade e submissão, foi possível perceber a fresta através da qual o essencial de condições opostas parece confundir-se, conformando-se. A rebeldia é um aspecto na condição do ser obediente e o processo de construção da identidade força combinações entre rebeldia e obediência e o encobrimento das contradições.

Nos casos analisados, pudemos perceber a multiplicidade de sentidos nas condutas de oposição e nas de obediência. Isso resultou no questionamento de noções estereotipadas dominantes e da ilusão do senso comum na existência de homogeneidade das condutas dos jovens. Abriu-se à pesquisa a oportunidade de ampliar e redimensionar crenças acerca da conduta jovem.

Por intermédio das histórias apresentadas a seguir, pudemos constatar que a rebeldia é, paradoxalmente, induzida a estabelecer o conformismo, sendo esse o elemento necessário.

Em outro sentido, é possível ao leitor aperceber-se da redução a que estão submetidas as concepções mais correntes sobre as condutas opositoras do jovem, principalmente aquelas que atribuem um sentido exclusivo de "mudar o mundo". Rebeldia traduz-se por experimento de identidade em um amplo universo de significações. Não é característica definidora de uma fase do desenvolvimento.

Adolescência e problematização da identidade

Os títulos dos trabalhos existentes nas prateleiras das boas livrarias acadêmicas e de bibliotecas de muitas instituições de pesquisa que têm a adolescência como assunto evidenciam o caráter reivindicatório, combativo e opositor dessa fase da vida. Difundem, na maioria dos casos, um estereótipo segundo o qual a adolescência é tratada como sinônimo imediato de rebeldia, de condutas transgressoras e de ideias opostas aos valores tradicionais e às normas sociais. Seriam os adolescentes, *por natureza,* seres rebeldes, perigosos, e efetiva ameaça aos valores e à ordem estabelecida pelos mais velhos?

Decifrar a amplitude dos sentidos presentes nas condutas dos adolescentes, e em sua luta pela autorrepresentação, resultou na revelação da existência de crenças estereotipadas acerca dessa fase da vida.

Ao tratarmos das peculiaridades do caráter contestador da conduta adolescente, esperamos oferecer ao leitor um olhar crítico sobre a adolescência e a juventude, e contribuir para a diminuição da crença num pretenso saber definitivo, maniqueísta, sobre essa realidade social.

Sem deixar de considerar as teorias, procuraremos desvendar o dinamismo da constituição psíquica de adolescentes privilegiando o método interpretativo psicanalítico como instrumento de descoberta.

A contribuição que se pretende é a de ampliar o olhar em relação aos adolescentes e oferecer aos estudantes e pesquisadores a possibilidade de flertarem com a ideia de que os desvios de conduta ou a desobediência são, em larga medida, construções intersubjetivas que não deixam de integrar o processo de adaptação e de normalização educacional e servem como preparação para submissão às normas.

No presente, a adolescência, como realidade social, representa um período do desenvolvimento situado entre a infância e a vida adulta e, crescentemente, um período de recriação do lugar que o jovem ocupa na sociedade. Enquanto a puberdade refere-se a um processo decorrente de transformações biológicas, a adolescência é um processo de reconstrução das representações da identidade e da realidade.

Em meio às transformações da organização social contemporânea, a adolescência passou a ser percebida como período de transição entre a infância e a idade adulta, e sua característica fundamental foi a conquista de um lugar ao lado dos adultos e de uma identidade consumada.

No século XX, considerado o século dos adolescentes, os estudos acerca da juventude receberam atenção especial de psicólogos, sociólogos, historiadores e educadores em geral.

Alguns estudiosos ressaltam o fato de que todas as comunidades humanas, desde as mais primitivas até as consideradas mais evoluídas, atribuem um significado social ao período da vida em que aflora a capacidade reprodutora. Trata-se de um fato cultural universalmente reconhecido.

A industrialização e a hegemonia burguesa (a partir do século XVIII) desenharam a adolescência como um período peculiar de desenvolvimento, reconsideração e superação dos laços de dependência afetiva e social da família, organizadores primários da sociabilidade e da subjetividade.

Em seu livro *História social da criança e da família*, Philippe Ariès (1981) mostra que a família vem sofrendo importantes modificações ao longo das épocas, tanto em sua organização quanto em seu significado.

Ele exemplifica essa afirmação mostrando que, no século XVII, não havia descontinuidade nem ruptura durante o desenvolvimento das crianças, pois essas podiam conviver com os adultos em suas atividades, fossem ligadas ao trabalho ou à vida sexual.

A dependência emocional dos filhos em relação aos pais, a divisão sexual de papéis, a afeição entre os cônjuges, a preocupação com a moralização dos costumes e a obediência à autoridade são características de um tipo de família nuclear: a família burguesa – que representa o tipo dominante de organização nas sociedades capitalistas.

Com a consolidação desse modelo, a família, seguida da escola, tornou-se a principal instituição de educação de crianças e jovens. Controle disciplinar, aquisição de sociabilidade e de cidadania são funções principalmente da família e da escola. As relações do indivíduo consigo, com a família e com os laços sociais mais amplos foram reelaboradas e renovadas.

Se, em outras épocas, a organização social permitiu papéis semelhantes a adultos e adolescentes como combatentes, na atualidade, a adolescência é considerada um período intermediário, de conflitos específicos e distintos daqueles que afligem a infância e a fase adulta.

Contemporaneamente, o jovem, para adquirir a condição do adulto, deve encontrar condições para assumir seu destino fora do contexto familiar. A família continua sofrendo transformações cada vez mais marcantes com relação aos papéis sexuais dos pais, à autoridade paterna e aos vínculos afetivos. Em que se trate de uma instituição que transita de estruturas mais complexas para outras cada vez mais simplificadas e reduzidas, ainda mantém-se como referência, como instância nuclear de estrutura mais complexa e abrangente.

A escola também é uma instituição histórica e por isso adquire diferentes funções e forma de organização ao longo do tempo. De recanto lúdico e de aperfeiçoamento espiritual, ela vai se transformando em espaço educativo para a formação e moralização de crianças e jovens. Em seu trabalho, Ariès aponta a introdução da disciplina como o diferencial da escola moderna.

Os procedimentos de transmissão de normas e valores diretamente pelos pais acompanham as metamorfoses da sociedade, estendendo-se mais e mais a agências extrafamiliares, de modo que, desde muito cedo, as crianças recebem dos meios de comunicação e dos especialistas padrões de conformação dos valores requeridos para a rebeldia, o sonho, o amor etc.

A educação tem na escola e na família as principais referências, e, por isso mesmo, essas instituições podem ser tomadas como um campo de conflitos da liberdade e da identidade dos jovens.

Nesse contexto cada vez mais mutante, pode-se falar na adolescência como uma experiência de si – determinada por condições sociais de certa época. Experiência que implica uma vivência que afeta a autoimagem e as relações em que ocorre redefinição de si mesmo, da autonomia e da realidade.

"Des/obede/serás"

Conforme demonstrado pela psicanálise, o desejo alude à matriz simbólica das emoções e como tal não é passível de ser tomado como materialidade. Significa dizer que, por mais que queiramos satisfazê-lo, acreditando no que nos é oferecido diuturnamente pela mídia, ele ressurgirá com novos objetos, à semelhança da Hidra (monstro da mitologia grega que lutou contra Hércules e que, quando decapitada, outras cabeças nasciam no lugar da que fora cortada).

Essa proposição nos desafia a discutir os conceitos de liberdade e educação. Uma vez que o desejo não tem como ser satisfeito, qualquer possibilidade oferecida com esse propósito cedo ou tarde se revelará frustrante. Nesse sentido, o impulso para o consumo deve ser submetido à razão. Considerando que a tônica do mundo atual é o aumento da produção e do consumo, torna-se assim evidente o dilema vivido pela educação na atualidade. Tanto as intenções educacionais de quem dá quanto as de quem recebe estão implicadas na vida desejante, essa essencialmente inconsciente.

Isso se torna ainda mais relevante quando atentamos para a discussão atual que opõe em dois extremos o aumento da produção e a conservação da saúde do planeta para as futuras gerações.

Muitos autores têm destacado as dificuldades da adolescência decorrentes da complexidade crescente da sociedade atual. Em seu trabalho *Adolescência – reflexões psicanalíticas*, David Levisky (1998) adverte que o individualismo, a tendência à liberação de impulsos amorosos e destrutivos sem a consequente responsabilidade sobre essa liberação, as mudanças da estrutura da família, a evolução tecnológica e o declínio da sociabilidade são fatores que acabam tornando mais complexas as sociedades ocidentais e dificultam os processos de identificação e de reconstrução da identidade na adolescência.

Pode-se dizer que, na atualidade, a duração e a complexidade da passagem para a vida adulta e condição social estão implicadas. A adolescência, como experiência de transição, é cada vez mais extensa e a subjetivação encontra-se cada vez mais exposta a contradições e fragmentações.

A velocidade crescente do desenvolvimento científico e tecnológico que se traduz por uma excessiva artificialização do mundo e das relações; a massificação de informações ao lado do cultivo de contradições, de um lado, que estimulam o individualismo, o materialismo e a satisfação imediata dos desejos, e de outra a revitalização da ética, são marcas do mundo atual.

A inconsistência dos valores e dos rituais partilhados pela comunidade e ensinados durante a socialização é outro aspecto das sociedades industrializadas que apontamos como dificultador dos processos de identificação em direção a uma estabilidade relativa. Em suas radicalizações e instabilidades, o adolescente pode tornar-se provocador e conduzir o adulto a atitudes repressivas.

Nas sociedades primitivas, a passagem para a vida adulta depende de rituais a partir dos quais a autoridade do adulto é reconhecida. Nas sociedades contemporâneas, a exigência do trabalho psíquico intenso de ruptura e de reorganização encontra um solo social de contradições, ambivalente, sem valores duradouros, numa cultura imediatista e permissiva.

Podemos nos perguntar se nossa sociedade cultiva de fato a passagem para a vida adulta. Se de fato alguém pode constituir-se em modelo para outrem e, nesse caso, quem seriam os modelos: os mais velhos, os mais jovens, as crianças? O culto da juventude associado a um vazio essencial, ao corrente imediatismo, impõe que os mais jovens sejam modelos eternos.

Atualmente, é comum ouvir a expressão "adultescência" para designar a extensão da adolescência, a persistência dos conflitos adolescentes na fase adulta. Não é exagero afirmarmos que quando os adultos não se assumem como representantes do passado e da memória, alimentando o desejo de manterem-se sempre jovens, transformam o jovem no modelo idealizado de toda a sociedade.

O processo de moralização ou de humanização consiste numa redução da multiplicidade dos aspectos do homem; diz respeito à sua redução a um caráter essencial sempre idêntico a si mesmo, que faz com que o sujeito torne-se responsável por seus atos. Essa unidade conjuga representações centrais, que, por sua vez, conjugam-se no que se denomina identidade.

A identidade constrói-se por um conjunto de identificações que formam um sistema relacional coerente.

Das três modalidades de identificação descritas por Freud, importa considerar que, no processo de construção da identidade, busca-se equivalência e ligação entre representações que garantam a alguém se representar uno, que lhe assegurem sua mesmidade. A personalidade, portanto, é constituída de um feixe de traços identitários.

O projeto da educação exige que o sujeito alcance uma unidade coerente de caráter. O homem do cotidiano, moralizado, é então o resultado de uma renúncia, no sentido de que se exige dele coerência, unidade e mesmidade, sujeito às leis do cotidiano.

Para o interesse deste estudo, julgamos mais fecundo e pertinente o exercício de decifrar os movimentos de problematização da construção da identidade no que se refere aos processos particulares de sujeição ao cotidiano do que discuti-los somente a partir das diversas modalidades de identificação.

Em *Andaimes do real: cotidiano*, Fábio Herrmann (1985) propõe uma fórmula que expressa a condição geral do homem da moralidade. A ela deu o nome "des/obede/serás", que expressa tanto o processo da educação como a via de construção da identidade humana.

Segundo o autor, "o processo de familiarização educa o homem através de experiências de infrações corrigidas (des) que o levam constantemente ao sentido previsto (obede) por uma produção de ser assim e não de outra maneira (serás)" (Herrmann, 1985). O núcleo da fórmula, "obede", exprime uma espécie de coação ou "indica" a tendência a uma construção da subjetividade em torno de seu caráter.

"Toda autorrepresentação no âmbito da moralidade implica uma identificação bastante seletiva, em que não só os instintos sucumbem, mas toda experiência intrínseca ao sujeito que ameace a unidade coerente de seu caráter." Todavia, o movimento em direção à moralidade requer um esboço de rebeldia, um ensaio de negação de caráter que Herrmann denomina **fuga abortada**; é ela que garante ao sujeito a submissão voluntária; é uma representação da liberdade, uma "regra de exceção", portanto (1985, p.143-56).

A noção de identidade exprime-se por intermédio da crença numa coerência única de individualidade ou "ilusão do mesmo". Esta convicção resulta da eliminação de toda exceção que afete a unidade pretendida. Tanto é assim que se é levado a dividir os atos entre típicos e marginais, entre próprios e ocasionais; como mostrou Herrmann, esses últimos são considerados atos de exceção, incoerentes quando postos diante das convicções que alguém tem de si.

Toda exceção é concebida não somente como uma incoerência, mas também como desordem. A exceção, com efeito, não deve ser tomada como algo que conduz ao caos, significando des/ordem, pois se trata apenas de outra regra, a de exceção. Esta regra de exceção deve ser incluída no universo das coerências, embora diga respeito a uma coerência diversa em relação àquela com a qual alguém se representa. Neste sentido, a exceção muito mais do que a desordem é uma regra e uma forma de expressão da ordem porque qualquer ato, tornado exceção, atesta a vitória da ordem: "do ponto de vista da construção da personagem humana, o mandamento da desobediência cria esse efeito tão nosso conhecido de vitória constantemente reproduzida da ordem; é a integração da revolução no circuito da dominação" (Herrmann, 1985, p.154).

Por isso a fórmula "des/obede/serás" consiste num auxiliar teórico-metodológico essencial da pesquisa realizada. O prefixo "des" da fórmula designa revolta, questionamento, movimento de fuga da coação. Ressalta-se que ao falar em revolta ou renúncia, o autor não está concebendo um ser livre a quem a civilização amputou a liberdade de espírito. Segundo Herrmann, "a civilização não corta a liberdade de espírito", diz ele, "porque espírito mesmo é caráter" (1985).

"A ordem que comporta identificação coatora e rebelde abortada contra o caráter essencial não reproduz um ser pré-formado, mas conforma-o" (1985). Daí o terceiro elemento da fórmula "serás".

"'Des/obede/serás' é a ordem da constituição subjetiva. Um imperativo que ordena em direção ao futuro e que, por ser assim, indica a atual incompletude do sujeito" (1985).

"Tanto a identificação com o que me represento como a ruptura com tal representação, em busca de outra, têm sua vigência completa no futuro" (1985). O modo da fórmula indica também que o sujeito falha ao negar-se como criatura da ordem.

O processo constitutivo da identidade dá-se, então, por complicada disputa entre coação e rebeldia. Aponta para uma direção ainda a ser alcançada, para uma idealidade.

As modificações a que vêm se submetendo a escola e a família, principalmente nos últimos cinquenta anos, não diminuem a importância de tais instituições na tarefa de educar. Elas são a referência educativa fundamental, o substrato principal, no processo de constituição e desenvolvimento do sujeito.

Estudos a respeito da adolescência – muitos realizados por psicanalistas – destacam o sentido ambivalente de suas condutas. Mas a veiculação dessas ideias gerou um conjunto de crenças pelas quais o comportamento atípico dos jovens, seu modo provocativo e, muitas vezes, opositor, seria sinônimo de ameaça às gerações mais antigas.

As representações negativas da adolescência, como delinquência e perversão, estão fundamentadas nessas crenças, fruto de uma visão do comportamento e não de seu sentido.

Os psicanalistas costumam chamar nossa atenção para aquilo que não conseguimos enxergar de nós mesmos e da realidade. No caso em questão, advertem que a ameaça que causa a adolescência é relacionada às dificuldades vividas pelo adulto e em grande parte relacionada à vivência de sua própria adolescência. Ao produzir representações negativas e reducionistas sobre as condutas do adolescente, a ameaça produz mais preconceitos do que conceitos.

O sentido da rebeldia na experiência de consolidação da identidade nos mostra diferentes coloridos e funções para o sujeito e sua vida de relação.

■

5 As histórias*

Nas histórias apresentadas a seguir, a intenção foi mostrar ao leitor o modo como foram ouvidos os relatos dos adolescentes, procurando "deixar surgir" outros sentidos além daqueles que o narrador empenhou-se intencionalmente em transmitir.

Por meio de *flashes* obtidos em entrevistas sistematicamente realizadas com jovens da rede pública de ensino do interior de São Paulo, procuramos expor como as generalizações acerca da natureza contestatória da adolescência se especificam nos processos de representação de identidade. Os jovens estudados foram indicados pelas autoridades educacionais como os mais rebeldes da escola.

O estatuto da intersubjetividade na constituição do sujeito e na educação é aspecto relevante, principalmente quando se trata de obediência ou rebeldia. Surgem os pais, aí figurando como referências construtoras da maneira de ser e de se ver desses jovens.

---

* Casos originalmente apresentados em tese, na pesquisa "Rebeldia e identidade – estudo psicanalítico sobre uma contradição aparente", PUC-SP, 1992.

Gil, 17 anos e meio

Gil é considerado rebelde por ironizar as autoridades. Suas ações são desordeiras e originais. Define-se como doidão, cuca fresca, *bon vivant*. No entanto, sua aparência é demasiadamente cuidada para alguém que se apresenta como malandro. A apresentação emblemática, por meio do uso de roupas desbotadas, de cordões e crucifixo enorme adornando o peito à mostra e um pomposo boné preto que cobre parte de seu rosto, abriga também uma timidez desajeitada, sugerindo uma malandragem quase defensiva, que se exibe, principalmente, por meio do gingado.

No contato pessoal, mantém as regras da convivência civilizada, mas é lacônico e os relatos são feitos com ausência de ânimo. Parece estar falando de algo exterior à sua própria vida.

Militar aposentado, o pai já esteve preso, acusado de matar um colega de trabalho, o irmão mais velho também, por tráfico de drogas, e o próprio Gil, por arruaça. Para ele, o pai é amigo e cúmplice. O exemplo citado com ênfase é que, para livrar-se de infrações e desvencilhar-se da polícia, Gil lança mão da "identidade militar", documento que lhe é de bom grado emprestado pelo pai. Apesar disso, já esteve preso uma vez. "Eu tenho tudo, não posso dizer nada, faço de tudo, meu pai não regula" (*sic*).

Ao mesmo tempo em que diz que a única exigência do pai é com os estudos, conta que o pai troca uma aprovação escolar por um carro ou uma moto.

Define-se como desordeiro, mas original. Almeja ser o melhor na malandragem.

Diz que não estuda, que sabe colar. Além disso, próximo ao período de provas, torna-se bem comportado e com isso não atrai para si a atenção vigilante dos professores.

Quando se refere ao relacionamento amoroso, preocupa-se em apresentar-se como esperto e bem-sucedido. Fala da separação entre amor e sexo, e divide as mulheres em mulher-namorada e mulher-divertimento. Quanto ao lazer, é visível sua determinação a infrações.

Ao completar 17 anos, ganhou uma moto, que dirigia sem habilitação. Seu divertimento preferido? Apostar corrida de madrugada e pichar muros.

O relato do pai a respeito da educação que dá a Gil ocorre no escritório da residência. O espaço parece um cenário para a criação de um personagem intelectual. Embora ocupando o primeiro plano na disposição dos cômodos da casa, o arranjo dos móveis, o brilho dos objetos pouco tocados e a arrumação tradicional fazem supor um lugar pouco frequentado.

Nas estantes, a Bíblia, a enciclopédia Barsa, manuais de matemática e dicionários. Tudo sugerindo pouco manuseio.

Afirma não ter problemas com os filhos e que, como a educação que tem é de gente pobre, ele insiste todos os dias para que Gil estude.

O tom nostálgico e melancólico dos relatos sobre os seus "sucessos" e os da família são expressivos. Para ele, na atualidade quem não é o melhor tem que chegar primeiro. Mas, apesar de sua crença, ao que tudo indica, seu empenho não resulta no esperado, pois nem força de vontade nem esperteza parecem caracterizar as relações de Gil com o mundo. Mesmo apontando a educação como algo muito difícil, propagandeia a realidade de sucesso de sua família. Os filhos nunca deram preocupação aos pais e, por serem diplomados, acredita que se saíam melhor do que ele. Quer os filhos espertos e bem-sucedidos. Sempre os quis melhor em tudo, não aceitava que perdessem nada. Refere-se às medalhas de ouro que guarda como prova de suas vitórias e das poucas derrotas. "Eu tenho um filho formado no ITA, mas Gil é diferente. Ser caçula é porcaria."

Com as medalhas de ouro e a exposição de livros, o pai tenta provar o sucesso da educação. A impressão que nos causa é que o sucesso está concretamente **nas medalhas** tanto quanto a educação está **dentro dos livros** e não se vincula a pessoas porque de fato, pelo menos até agora, as pessoas parecem não estar representadas nos troféus. Talvez por isso a propaganda feita pelo pai não convença – por ser de um sucesso inatingível.

Apesar de Gil ser visto como rebelde, um tanto desordeiro, cabe notar que suas rebeldias não lhe permitem alcançar seus objetivos. A indiferença com que parece experimentar a vida retira da rebeldia a força que poderia sustentá-la.

"Para mim todo mundo é igual" e "eu não ligo para nada" são expressões utilizadas para definir a vida de quem não se exige nenhum empenho.

As chamadas rebeldias de Gil sustentam-se sobre uma ampla ingenuidade. Na família, não faz oposição ao pai, de quem recebe todo incentivo para ultrapassá-lo.

Na escola, rebelde, não obtém sucesso em colar nem em envolver afetivamente seus professores. Ele foi reprovado duas vezes consecutivas.

A tentativa de substituir esforço por esperteza acabou frustrada. A mesma constante pôde ser percebida em atividades de lazer. O uso que faz do carro e da moto mostra-o como obrigado a ser desordeiro.

Gil não dispensa a identidade do pai, apresentada como sua sempre que é flagrado pela polícia em alguma atividade delituosa. Ele exalta o pai como um aliado e refere-se à sua identidade de militar como garantia de desobediência a leis e de repetir infrações.

Tudo se passa como se os experimentos de oposição fossem descaracterizados dos componentes da aventura e, portanto, do imprevisível. A desordem praticada parece ter como alvo apenas a exibição da malandragem autorizada e com a garantia de proteção. Nesse sentido, fica evidente uma "malandragem propagada" onde não há um verdadeiro confronto com as normas. As regalias são oferecidas pelo pai como um passaporte para uma rebeldia permitida e, principalmente, induzida.

Observe-se que Gil é pouco sensível à diferença entre esperteza e ingenuidade. Parece que não se encontram em campos opostos. Obediência e rebeldia fundem-se e confundem-se porque a conduta rebelde de Gil, por ser induzida, faz que seja apenas simulação de rebeldia.

Gil é tomado pelo pai como aquele que concretizará seus sonhos jamais realizados. "Tornar-se um grande homem e um herói em seu lugar." É a esperança do pai. Por sua vez, Gil vai-se construindo como aquele que toma para si as fórmulas de viver do pai. Mas tornar-se-á melhor?

Sem dúvida a identificação com o pai é forte, e necessária a maneira de se ver à sua autorrepresentação. A identificação como modo de constituição do sujeito não se dá apenas por imitações, mas é preciso reconhecer que sua essência é a fantasia.

Nesse sentido, é possível ver que Gil se identifica com o pai conforme vem se tornando e se construindo exatamente como ele, e, por isso, ao contrário do que o pai almeja para o destino dos filhos. Isso quer dizer que a identificação (ser igual a...) não está restrita àquilo que se oferece intencionalmente como modelo. O "faço tudo para que alguém seja de tal modo" não garante resultados almejados, é ineficiente porque as relações, como já observamos, não se esgotam na intenção.

Apesar dos esforços que o pai faz para que o filho o supere, cada incentivo parece promover uma barreira contra a autonomia do filho. A ênfase verbal feita pelo pai na valorização do esforço e do trabalho não supera a valorização que faz da esperteza para superação do esforço. Na educação, os modelos são mais importantes que os discursos.

Em suas ações de educador, embora na aparência exijam esforço e trabalho, a ordem que contém maior força é a de que chegue primeiro. Essa valorização alicerça por identificação a construção da identidade de Gil.

Na impossibilidade de ser autor de seu próprio personagem, Gil cria-se tal como o pai, esforçando-se em vão para que a veste de malandro proteja sua simplicidade e ingenuidade. Mais que se vestir como o pai, constrói-se vestido por ele, fazendo sua a identidade do pai.

A ordem (obede) cumprida é aquela não expressa. Gil não estuda e cola, mas não obtém êxito. Na sua ingenuidade, envaidece-se das infrações que comete, embora o êxito seja um resultado raro. Gil crê na impotência do esforço.

A importância que o pai atribui aos estudos, apesar de ressaltada com veemência no discurso, revela falta de convicção, tem um valor apenas propagandístico. Todo incentivo material oferecido pelo pai, seja na referência que faz aos livros, seja na compra de presentes, tem por objetivo estimular a realização do que o pai não conseguiu.

O pai não aparece como alguém que deve ser contestado porque incentiva as infrações e oferece proteção contra as consequências punitivas. A permissividade do pai faz dele alguém extremamente idealizado em sua superioridade e seu poder; ela cobra um preço muito alto por uma tarefa um tanto delicada ao filho, que é superá-lo naquilo em que este foi malsucedido.

A tarefa é difícil porque os instrumentos que o pai valoriza para o sucesso, além de inapropriados, representam para Gil mais cobrança do que incentivo ao sucesso. Além disso, é necessário notar que a autonomia é **imposta** e por isso resulta dependência, cria mais um autômato do que um autônomo. As malandragens são tão dirigidas que têm como consequência um malandro fabricado.

A rebeldia de Gil é apenas aparência de rebeldia. Ela não nasce como desvio ou fuga de ordens, o que produzirá a noção de liberdade, mas é obediência àquilo que o pai é. A infração é aparência de infração. A cola é aparência de cola e a malandragem é aparência de malandragem. Gil fracassa naquilo em que poderia superar o pai. Sua autonomia é garantida pela proteção do pai.

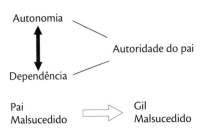

FIGURA 1

Rebeldia é criatura da ordem de ser autônomo e por isso dependente.

A identificação com o pai está no cerne da impossibilidade de ser bem-sucedido. Isto é, para tornar-se de fato esperto, seria preciso ultrapassar a fonte de sua identificação, que é o pai. Enquanto isso não ocorre, exibe o estandarte de sua identidade (autorrepresentação): medalhas, dinheiro, motos, automóveis, sua relação com as mulheres, liberdade. Para incentivar uma educação para um filho bem-sucedido, o pai exibe as estratégias utilizadas: medalhas, dinheiro, liberdade. São valores-emblema.

Os diversos tipos de rebeldia são, para Gil, emblemas de sua identidade. Ele está convicto de ser um desordeiro e esperto.

Nesses *flashes* da história de Gil, podemos notar que o sentimento de si está enraizado na história das identificações. Vemos que a reverência marca a relação de Gil com seu pai. De acordo com Ortigués (1989, p.279), reverenciar é se proibir de confrontar, pois o respeito mantém distância na proximidade.

Por outro lado, a figura de autoridade é ambivalente porque nos coloca num lugar inferior no presente a fim de que possamos nos tornar como ela no futuro e ocupar honrosamente o lugar que ela nos legará por herança.

Nota-se que a liberdade de Gil é proporcional à submissão ao pai. Em todo caso, ele acredita nas vantagens que conta e assegura-se dessas representações afastando a ingenuidade do campo de representações sobre si, ou melhor, da harmonia e coerência dessas representações. Embora mais parecido com um autômato, percebe-se um opositor.

A ordem de que seja autônomo, contanto que seja a autonomia mandada pelo pai, faz emergir uma regra que rege a vida de Gil: ele não pode ultrapassar seu pai. A liberdade experimentada é diretamente proporcional à sua obediência. A autonomia imposta cria a condição de fragilidade e dependência.

Nos ensaios de aparente rebeldia afirma-se como criatura da ordem, do ser autônomo mandado ou autômato. Isso se expressa nas infrações de trânsito, nos insucessos na escola etc.

Dessa maneira, Gil só pode vir a ser outras versões daquilo que já é, ou seja, malsucedido, ingênuo e pueril. Suas condutas mostram-se em conformidade com as regras, isto é, representam exceções complementares (des) da regra de obediência (obede). Em outras palavras, a rebeldia de Gil é expressão de sua obediência e, portanto, aparência de rebeldia.

Essa situação é clara com as infrações de trânsito: infringe alguma regra e é autuado, aí recorre à identidade do pai – militar – e dessa maneira isenta-se das consequências e dos problemas criados por ele mesmo. Mas é certo que a cada nova infração que comete renova-se sua sensação de autonomia e também, é bom notar, a de dependência do pai.

A relação com a escola reflete o mesmo esquema. Gil não estuda e não consegue obter notas suficientes para sua aprovação, o que poderia conseguir por meio da cola. O resultado é que não é bem-sucedido nem pelo esforço nem pela espertiza, ficando assim demonstrado que mesmo a cola de que tanto faz propaganda é tão somente aparência de cola, em outras palavras, aparência de espertiza. O que se supõe é que cola mal ou que é surpreendido quando está colando. Tanto a primeira quanto a segunda hipótese confirmam a sua inabilidade para atingir a condição de esperto.

O pai insiste: "Eu não queria ver meus filhos **perder** nada, a **gente dá tudo** pra eles, mas não adianta. Ser caçula é porcaria mesmo". Para salvar o filho do que já está ocorrendo, o pai isenta-se de responsabilidades. Mas, malsucedido, Gil acaba confirmando a ideia do pai: a de que "ser caçula é porcaria".

Esse jovem revela a passagem da infância à idade adulta de uma forma particular e muito frequente na atualidade. Recebendo do pai as armas para lutar na vida com objetivo de tornar-se bem-sucedido, quase como num ritual de passagem – dinheiro, carro, moto –, apontam a ineficiência do modelo que carece de heroísmo. Toda rebeldia de Gil desenha-se como exceção complementar e obrigatória da obediência.

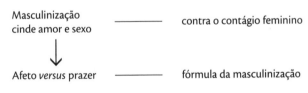

FIGURA 2

Ele pouco problematiza sua maneira de ser. Chega a ser transparente o modo pelo qual seus desvios de conduta são um ensaio de obediência como uma adesão caricatural a um estilo: o de malandro.

Desenho	Filho
Pai	Cópia (malandro produzido)

FIGURA 3

Se "não ultrapassar o pai" (ordem maior que rege sua vida), Gil fica impedido de tornar-se um intelectual bem-sucedido, condição que impõe a ele o limite a que o próprio pai chegou. Pelo menos é o que se pode constatar no presente.

Des	obede	serás malsucedido
Rebeldia autorizada	Submissão à autoridade	Autonomia mandada

FIGURA 4

A rebeldia de Gil é elemento fundamental para compor sua autorrepresentação e, mais interessante, essa rebeldia é tão somente uma extensão do modo de ser de seu pai.

Os relatos de Gil contam seu jeito de ser e de se ver.

Dulce, 17 anos

Eu errante...
ou
Vai, Dulce, vai ser gauche *na vida...*

O caso é que eu comecei a puxar fumo. Fumava demais e as pessoas que eu transava não faziam nada. Eu participava de umas transas coletivas só fazendo carinho. Às vezes eu tinha sexo, mas eu não conseguia me ligar em ninguém e nem conversar.
Eu conto tudo para minha mãe. Tenho intimidade com ela: de sexo, fumo etc. E ela não fala nada. Quando eu fui morar sozinha, ela nem me procurou.

Indiferença poderia ser o tema para definir os relatos de Dulce acerca dos aspectos de sua vida. Considerada "mau elemento" pela direção da escola, nem o diálogo nem diferentes formas de controle fizeram que acatasse qualquer ordem disciplinar. Abandonou os estudos, desviou dinheiro com que deveria pagar a mensalidade da escola, unindo-se a pessoas desocupadas e dependentes de drogas.

Sua relação com o mundo é subversiva de qualquer regulamento. Mas a indiferença aparece como marca central de ligação entre ela e a vida. Toda referência a si e a seu cotidiano recebe semelhante tom afetivo de indiferença. Usa somente roupas velhas, que não admite que sejam passadas, e não penteia os cabelos. Seus relatos referem-se a conflitos entre os pais.

Na conversa, afirma que se desequilibrou há dois anos, perdendo a capacidade de escolha, de volição, como se tivesse sido desabrigada de si mesma. Tudo começou quando, aos 14 anos, descobriu a existência de uma amante na vida do pai.

Apesar de tida como mau elemento na escola, Dulce define-se como esvaziada emocionalmente e com desinteresse total pelo mundo e por si própria. Diz desconhecer a idade e a profissão da mãe. Os movimentos emocionais e o lugar que ocupam em sua vida são mais afeitos à anulação do que à construção de uma identidade. Há um espaço preenchido pela desobediência extrema – espécie de busca de autorrepresentação e de limite.

Alguns fatos podem ilustrar essa constatação:

- Fugiu de casa, com amigos, para Curitiba. Numa delegacia de polícia, afirmou não ter família. Foi encontrada pelo pai quando o delegado providenciava seu encaminhamento à Febem.
Consequência da fuga de casa:
- Foi reprovada na escola três vezes consecutivas, sendo a terceira por faltas.
Consequência da indiferença às normas de convívio:
- Quando foi advertida pela mãe, chorou abraçada a ela e só dizia que, "quando ia pensar, já tinha feito". Quando

advertida pela escola permaneceu indiferente.

- Apesar de não frequentar as aulas e utilizar-se do espaço do colégio como ponto de encontro com os colegas e de partida para outros lugares, acreditava na sua aprovação, o que não ocorreria.

Narrados por Dulce, e referidos pela mãe, fuga, expulsão, uso de roupas desmedidas, abandono da escola e as consequências derivadas dessas condutas, embora em campos diversos, guardam entre si uma equivalência.

Da história contada depreende-se o desejo errante, a predisposição por anular-se. No entanto, apesar da constatação das tendências antissociais para mentir e roubar, Dulce guarda a capacidade de ser leal. As condutas antissociais existem, mas lhe servem como meio para inteirar-se de si mesma, de saber quem ela é.

O modo de colocar-se em relação ao sistema de normas e regras faz dela um caráter muito mais associal do que antissocial. Isto é, ela é incapaz de avaliar bem a realidade, a relação entre presente e futuro. Ao colocar-se à margem da lei, expõe-se aos seus rigores sem controle das consequências.

Dessas características associais e de uma afetividade indiferente pode-se falar de vazio de identidade. Esse vazio impulsiona Dulce a condutas de desobediência completa e extrema, o que resulta numa submissão às regras e às ordens, configurando-a como obediente. Pode-se falar numa pedagogia da desobediência, isto é, na consequência do ato levado ao extremo, que parece garantir desde o início da adolescência uma representação de si, de identidade e é nesse contexto que se percebem "erros".

Des (é errante), vazio, desobedece ao extremo
(Des) castigo (o eu errante)

Pode-se presumir que os conflitos da adolescência foram elaborados de maneira a estagnar seu desenvolvimento de sexualidade e afetividade, a experiência de singularidade e de criação de ideais.

Dulce se perde nas drogas, no sexo, no descumprimento das obrigações, recuperando-se apenas em consequência do choque produzido por essas experiências levadas ao extremo. Mas o que seria considerada experiência de prazer, por ser vivida com indiferença a normas e regras e ao extremo, presta-se a impor limites e a provocar os castigos.

Seus relatos mostram uma história de vazios preenchidos pela busca de sinais extremos de reconhecimento de quem é. Nesse percurso, Dulce segue o comando de um regente de destino que cuida para que seja tão "*gauche* na vida".

Fracasso e vazio combinam-se nos planos da ação e da emoção. No da ação, eles se expressam em consequências das mentiras, fugas de casa, irresponsabilidades generalizadas. No plano da emoção, por sentimentos de vazio, indiferença e inutilidade.

FIGURA 5

Trata-se de uma história de sucessos e fracassos. Embora com tantos fatos marcantes, provoca a percepção de uma vida sem história. É que todo acontecimento relatado parece não ter sujeito nem experiência nem significado afetivo. Apesar de repleta de acontecimentos, a vida de Dulce parece combinar vazio e fracasso. No plano da ação se expressam em consequência das mentiras, fugas de casa e irresponsabilidades generalizadas. No plano da emoção, em sentimento de vazio e de inutilidade.

Outro aspecto marcante é que todo o relato tem como foco a história da família; provocando a percepção de que a vida é tecida exclusivamente como reação ao relacionamento dos pais.

É certo que Dulce tem um comportamento violador de regras e normas. Ignora limites e formas de controle, não cumpre nenhuma atribuição, seja familiar ou escolar. Um confronto que se mostra pela ação.

A relação de Dulce com a família se estabelece pelo eixo da mentira. Mas, dada sua indiferença a tudo, ela é muito mais criatura de suas próprias mentiras do que criadora de mentiras – uma mentirosa.

Não se pode identificar em seus relatos a mentira como consequência de uma situação previamente articulada e acionada com objetivos de ocultar ou de criar fatos, com os quais possa obter vantagens, porque elas carecem de articulação prévia. Em outros termos, suas ações carecem de reflexão, de cálculo, de avaliação, de articulação.

Com Dulce, o ato antecede a reflexão, que não representa limite à suas condutas. Geralmente é levada a agir para poder pensar. Como observamos, ela se reconhece no erro, por meio da mentira flagrada. Nesse momento, entre a mentira flagrada, a admoestação e o castigo, percebe quem é. Por isso, é criatura de suas mentiras. Pode-se dizer que é o externo que provoca nela a ideia de limite. Daí sua fala "quando eu ia pensar já tinha feito" equivaler a dizer "depois que eu fazia é que podia 'pensar', me conhecer ou me ver". Isso porque tudo indica que não há possibilidade de pensamento.

Dulce constrói sua autoimagem pelos efeitos das mentiras que conta e das ações (das infrações) sempre extremas. Somente pela radicalização da desobediência e da infração é que pode perceber alguma diferença entre regras e alguma consciência discriminadora.

Certa consciência discriminadora é construída pelo que poderíamos chamar de "via da posteridade". Ela pode ser considerada uma regra organizadora da relação entre ela e o mundo.

Observamos que neste ponto a mentira alcança *status* de estratégia para mostrar-se muito mais do que uma operação ardilosa para esconder-se. Por isso, não há nenhum cuidado para evitar ser pega em mentiras. Nesse contexto, obediência e violação de regras revelam a mesma indiferenciação.

Se as regras são ignoradas, não há como falar em desobediência ou mentira. Somente em relação ao afastamento de uma regra anteriormente fixada é que se constrói a dimensão da desobediência. O mentiroso é assim denominado porque reconhece seu afastamento da verdade.

A punição é a consequência invariável dos atos de extrema irresponsabilidade e reafirma a identidade de um eu conhecido, primordialmente no registro do "erro". Dulce passa a ser errada, culpada, revelada a si própria como uma repetição de erros, num circuito repetitivo.

As condutas extremas e desmedidas não se restringem à família e à escola, mas também somem com a mulher Dulce ao fazer desaparecer seus atributos femininos; desaparece a aluna, ao abandonar a escola; e a filha, ao ser expulsa de casa.

O desprezo por normas vai se manifestando em autodepreciação. Por um lado, ela se anula como autora de sua própria história e, por outro, aparece como personagem central de um verdadeiro romance familiar, no qual é possível ver o quanto é criatura das regras relacionais da família.

"Eu não sei ficar brava" é a expressão com que a mãe define sua relação com Dulce. Segundo ela mesma, é liberal e incompetente para impor limites. No cotidiano, parece não haver pequenas correções que permitam a visualização de um projeto educacional. Há uma aceitação incondicional da filha desde que não haja perturbação da vida pessoal dos pais.

Mais do que ideais educacionais ou projetos concretos, o que se vê é um jogo de conveniência por parte dos pais.

De um lado, Dulce foge de casa, de outro, a mãe se separa para ver se a filha melhora. Acaba expulsando a filha de casa. Quantos atos radicais! Some-se a isso que a presença da mãe se dá somente em situações extremas.

É interessante salientar que, morando com a mãe já descasada, Dulce desvia dinheiro, amanhece na boemia, deprecia a si, agride a mãe e a deprecia. Há muita rebeldia, mas não há confronto nem com a família nem com a escola. O que se vê é que Dulce reapresenta vivência de conflitos e é indefesa.

Este pequeno *flash* da história de Dulce mostra a maneira como vive a história de sua família e se cria nela como um apêndice necessário e complementar à existência de seus pais como casal.

Vive numa conflitiva combinatória de pai e mãe. Comporta-se como o pai, desvaloriza a figura materna e dessa forma também se desvaloriza. Como mulher, é igual à mãe. Ainda que isso traduza um paradoxo, a desobediência radical é sua forma de obediência e fidelidade ao desejo dos pais. Ocupa um lugar de errante, sempre vazio. Parece sempre submetida a um "suma", "seja nada". Não é à toa que nega ter família a um representante da lei (ao delegado de polícia), que foge de casa, mente etc.

Na verdade, não há desejo nem projeto educacional referentes à Dulce, por isso a desobediência completa é a forma de buscar limite e autorrepresentação. A família, a despeito do cenário de sustentação e de construção do modo de ser de Dulce, é um continente problemático de constituição de sua identidade.

A pedagogia está fundada numa base falsa. Não há desejo de formação de um outro. Há indiferença dos pais em relação à filha. A (falsa) independência de Dulce e suas condutas marginais acabam buscando a lei de forma extrema e atestando o quanto ela é guardiã do desejo.

Há um vazio de identidade, preenchido por condutas de desobediências extremas; por isso tem por consequência também a submissão a regras e ordens extremas, o que acaba produzindo uma completa obediência. Nessa pedagogia da desobediência, mentir significa cumprimento da ordem a que está submetida.

Desde o início da adolescência, sob o cenário dos conflitos familiares, é pela "via da posteridade" que ela garante uma reapresentação de si – ainda que seja a de uma errante.

Se tomarmos o desejo como a matriz que simboliza as emoções, podemos dizer que Dulce deseja o fracasso. É a determinação ao fracasso que sustenta sua maneira de elaborar suas relações com o mundo. Sua identidade, inesgotável repetição de fracassos e punições, que impossibilitam a experiência de autonomia, de criação de ideais, levam a submissões de Dulce a um núcleo de ordens que são ao mesmo tempo enunciadas para sua identificação e instituídas por outro (a mãe).

Para Aulagnier (1979), o que a criança encontra não é a simples objetivação de si mesma como imagem, mas também a designação do olhar do outro lhe indicando quem é, e esse outro é quem nomeia, ama e reconhece. O que o sujeito reconhece no espelho é a imagem da qual falava o discurso daqueles que lhe falam, um discurso que começa por identificar o sujeito aos enunciados identificatórios e que num segundo momento deverão tornar-se-á propriedade do eu. A referência do espelho se tornará um ponto de ancoragem à construção do sujeito.

Relatos e descrições de Dulce acerca de si permitem dizer que ela está fixada numa imagem na qual se reconhece com exclusividade: a de um vazio, e que a representação que tem dela própria é insuficiente para se refazer com a experiência. Esse processo mostra o insucesso do processo de autorrepresentação.

A conduta opositora de Dulce, embora aparentemente inspirada nos *hippies*, não mostra coerência alguma com as reivindicações dessa época. Ao contrário, sua conduta é expressão do caos, fruto de desorientação.

A unidade necessária à representação do eu é assaltada por estados mais primitivos de desenvolvimento psíquico, expresso pelo privilégio de onipotência, inveja, violência, individualidade generalizada e por isso anárquicas de convivência social.

Dulce mostra a desobediência generalizada criando alguém incapaz de usufruir liberdade e pode ser definida como: "aquela que não é aquilo que no extremo do erro vê como deveria ser".

Sua desorientação e indiferença não deixam de expressar um recurso e uma denúncia da impotência de educação. A vivência de prazeres até seu limite mais extremo resulta em destruição de tal modo que há uma relação paradoxal entre intensidade do viver e promoção de felicidade. A fuga de casa e a reprovação, como extremos, acabam por oferecer limites que não podem ser administrados a não ser em soluções também extremas.

Ela revela o insucesso de uma autorrepresentação por ser exclusiva e inflexível. Essa inflexibilidade é um obstáculo para alguém aprender com a experiência e viver de modo criativo.

Por fim, ressalte-se que a modalidade de vínculo que se pode constatar entre Dulce e os pais insere-se naquilo que Freud (1968) propôs como identificação com o perdido, ou **identificação primária**.

Em *O vocabulário da psicanálise* (Laplanche; Pontalis, 2001, p.231), o autor define essa identificação como um modo primitivo de constituição do indivíduo a partir do modelo do outro na qual não se distingue identificação de **investimento objetal**. Em outras palavras, considera-se que a agressão, a oposição aos pais e o desprezo que poderiam ser dirigidos aos educadores são dirigidos à própria pessoa, no caso, a Dulce. Ela trata a si própria à semelhança daquilo ou daquele que perdeu, por quem se acredita abandonada.

PAI DULCE
PAI
DULCE

(Nota identificação primária, ou incorporação oral, narcisismo infantil)

Há uma renúncia à experiência com o tempo e um evidente congelamento da história e a impossibilidade da construção de um **eu**.

A rebeldia de Dulce deixa-a exposta aos controles externos e aos rigores de normas e leis. Indiferente a elas, para ser um mau elemento há muito que aprender.

Vera, 17 anos

Vera é filha do segundo casamento de sua mãe. Possui duas irmãs, somente uma consanguínea.

Muito comunicativa e alegre, demonstra bastante interesse em conversar. Seus relatos são longos, animados pela esperança de compor conosco um campo de intimidade, uma espécie de par decifrador dos mistérios da conquista amorosa.

Em decorrência da paralisia de seu pai, vítima de um AVC ocorrido quando ela tinha poucos anos de vida, conta que não pôde desenvolver e manter uma relação mais sólida com ele, pois ele permaneceu acamado durante sete anos. Isso contribuiu para que, desde o princípio, a convivência com a mãe se tornasse especialmente estreita.

Mesmo partindo dos assuntos mais variados, Vera os direciona imediatamente para as experiências amorosas. Parece impelida a falar a respeito de sexualidade, de suas possibilidades e obstáculos.

Segundo ela, sua relação com a mãe se dá essencialmente pelo exercício do diálogo, por meio do qual são resolvidas todas as dúvidas e divergências (*sic*). A preocupação em não descontentá-la acompanha todo o relato que faz a respeito de sua vida. Além disso, afirma a necessidade de deixar a mãe a par de toda e qualquer experiência que vive. "Dentro de casa quando eu vou no banheiro, aviso 'mamãe, eu vou no banheiro'. Eu falo, porque às vezes ela está trabalhando no quarto, fica me chamando e não sabe onde estou."

Define a mãe como corajosa e exigente demais.

Uma das exigências que, no entanto, conta com a concordância de Vera, é a da frequência a dois cursos: o magistério e o colegial. A ideia é a de proteger-se da necessidade de depender de um homem para seu sustento. Seus relatos nos dão conta de que o projeto de vida encampado é o mesmo que o da mãe, o de ser uma mulher forte. Ao tentar demonstrar sua força, por vezes, deixa escapar um sentimento de desproteção e fragilidade, que se manifesta pelo choro. Um choro que se manifesta em meio à raiva impotente para poder lidar com as implicações da mãe.

A mãe "decretou" (*sic*) o diálogo como processo pedagógico para compreender as filhas, exigindo que tragam para conhecimento e controle dela ideias acerca de honestidade, relacionamentos amorosos, trabalho, casamento, sexo, profissão etc.

Há um claro choque entre a idealização que faz da mãe (necessidade de estar protegida somente por ela) e a necessidade de defender-se de uma proteção controladora e exigente. Segundo ela, quando não concorda com a mãe, não a obedece e deixa de lhe contar alguma coisa. Quando é pega em infrações, busca entretê-la com assuntos que trariam alegria, como seu aproveitamento na escola. Afirma que assim amacia a mãe, que "dança com seu jogo". É frequente a propaganda sobre a liberdade concedida pela mãe, mas aquilo que Vera denomina de liberdade é a condição desfrutada em consequência da decisão da mãe de poupar as filhas de vivenciarem a doença do pai, assim como seu próprio sofrimento.

Ao relatar que a mãe, apesar de criticar o namoro, convida o namorado a entrar em casa, numa atitude afetuosa e descontraída, descreve a maneira como disfarça sua desobediência:

> Ontem eu tava com ele (atual namorado) no portão. Minha mãe conversou com ele e até pediu pra ele mudar um vaso da área; é um pé de comigo-ninguém-pode. Ela ficou com medo que o meu sobrinho pusesse na boca. Ela mesma vai desfazendo aquele negócio (referindo-se à rigidez e intransigência da mãe). Então ela falou "A. e Zé, mudem esse vaso pra mim". O A. nem se mexeu, porque o vaso era muito leve pra duas pessoas. Se fosse pra mulher, três não conseguiriam, mas pra homem era leve. Depois ela falou: o "A. nem se mexeu!" (fala demonstrando orgulho). Na hora ele respondeu: "mas a senhora não falou nada comigo!".

Observemos que ao lado da propaganda que faz da mãe, do seu modo de ser liberal, revela que a aliança com ela desenvolve-se e mantém-se na ambiguidade da conquista e da fraude.

Vera não se opõe à mãe nem mantém com ela qualquer forma de luta, seja no plano verbal, seja no de suas condutas. Concretamente, ela nos mostra como a conquista pela via da sedução é um caminho eficaz na obtenção de vantagens numa relação onde o outro (a mãe) é invencível, por exercer total domínio sobre ele. Conquistando a mãe, ressaltando as ações que a agradam, Vera alimenta a aliança que lhe é tão necessária. Essa aliança garante sua condição de protegida e querida, fazendo que seja descrita como meiga e filha exemplar. Assim, ela se torna forte e eficiente nas relações com o mundo.

Do apego à mãe extrai um roteiro de vida: estuda – embora a contragosto –, cumpre os horários de chegada em casa previstos pela mãe e a mantém sempre informada a respeito de onde está, "sem mentir", compartilhando com ela reflexões a respeito de sua vida em geral. Segundo seu depoimento, não há discussão entre ela e a mãe: "eu tenho dó da minha mãe porque ela é sozinha para dar ordens". Mas tudo sugere que qualquer afastamento dessa união com a figura materna, claramente fortalecida não só pela doença, mas, principalmente, pela morte do pai, cria representações de culpa, castigo e autodepreciação. Sua história vai sendo tecida a partir da necessidade de busca de independência, que encontra a força-motriz na morte do pai.

Por conta da força desse apego, Vera relata que a experiência de sua primeira menstruação também teve intensa participação da mãe. A mãe só servia para ficar junto dela.

Quanto à vida amorosa e seus conflitos, o assunto preferido, atesta, já aos 14 anos, a necessidade de marcar-se como uma mulher forte; vê-se impelida a ser conquistadora. Desenvolve estratégias de conquista e de manutenção de namorados que, cada um à sua vez, perdem o encanto tão logo conquistados.

O empenho na conquista está em função de valorizar sempre qualidades e descobrir atrativos exatamente no rapaz que não é seu namorado. Isto é, basta que esteja com A para que B seja valorizado e descubra defeitos em A. Ao mesmo tempo, ao trocar de namorado, passa a valorizar as qualidades do anterior. Tão logo inicia uma relação, esta se torna vazia. Na busca de completar-se, multiplica as relações.

Ressaltando a eficácia de sua esperteza tanto para conquistar quanto para desfazer-se do namoro, afirma que sua difículdade reside exatamente na impossibilidade de decidir-se com quem manter um relacionamento. A diversidade impede a escolha, mas, segundo ela, está sempre testando sua capacidade de conquista, pois não pode sentir-se perdedora. O passo seguinte ao êxito, tão logo se certifique da posse, é criar estratégias para a fuga que a defenderá da condição, considerada perigosa, de sentir-se presa ao namoro. Para evitar isso, é preciso saber conquistar, dominar e controlar. É preciso ser forte.

O controle, que no convívio familiar, em especial com a mãe, manifesta-se pelo cultivo de uma forte aliança, toma outra feição na escola. Ali, ela se posiciona de maneira mais crítica do que na relação com família.

Avalia a falta de diálogo com os estudantes como a principal manifestação do autoritarismo da escola. De maneira alguma a escola toma lugar de relevância em sua vida, ao mesmo tempo em que a descreve como autoritária. Julga-a incompetente para dominar o aluno que, segundo ela, estabelece uma relação de desrespeito com os professores. Como se tivesse vivido em tempos muito distintos, ela compara a condição da escola no passado com a atualidade num tom bastante nostálgico, valorizando o passado em detrimento do presente.

Refere-se à palmatória como instrumento eficaz de dominação e de estímulo ao estudo, de que as escolas lançavam mão no passado. Afirma que antigamente era melhor, porque havia respeito entre alunos e professores.

Embora afirme que antigamente não havia educação sexual, essa questão parece não ter a menor importância para ela. Todo interesse de Vera recai sobre a avaliação das condições de controle exercido pela família e pela escola, como instituições educadoras, e a avaliação de sua maneira de se ver (autorrepresentação) na relação com essas instâncias de poder.

Vera dribla o controle da escola tornando-se rebelde e opositora e, sobretudo, irônica em relação às autoridades, certamente por reconhecer a ineficiência delas para obter sucesso no exercício do controle e da educação. E essa avaliação de ineficiência também é aplicada à família (mãe), quando nos comunica seus êxitos em inviabilizar a tentativa de controle da mãe sobre ela.

A história de Vera é uma história de falas. Quase não há o que apreciar sobre acontecimentos da vida social, familiar ou estudantil. Em razão disso, seus relatos servem mais para satisfazer seu prazer de falar do que para descrever ações praticadas. Ao substituir o agir pelo falar, a vida se anima e adquire a dimensão de seus sonhos. Não seria injusto descrevê-la como alguém que vive falando.

Os encontros entre nós servem como exemplos dessa característica. Vera mostra-se ansiosa por relatar o máximo possível, tomando-nos por alguém com quem pode compartilhar algo de sua intimidade.

Uma primeira observação se impõe: apesar do voto de confiança que nos dá, a constante de seus relatos é a de falar sobre como não conta a ninguém nada daquilo que faz. Sua história organiza-se a partir de um eixo fundamental, o de cuidar de sua independência, voltado para a preocupação com o tornar-se mulher, com a sexualidade, tal como podemos apreender da primeira fala conosco.

Ao lado disso, a ausência do pai tem espaço privilegiado, marcando e orientando, de forma peculiar, os movimentos de sua adolescência.

A relação com a mãe é, ao que tudo indica, especialmente forte. Vera a descreve como inteligente, liberal e, sobretudo, forte, uma apresentação positiva, exaltação de um modelo a ser imitado.

Nos momentos em que fala da necessidade de informar a mãe a respeito de sua vida, podemos apreender como o universo mãe/filha é vivido num registro de aliança, comunhão e também de privacidade. As referências à maneira como a mãe integra seu cotidiano ilustram a apreensão desse sentido primeiro, dessa forte aliança que se acentua, possivelmente, por ocasião da morte do pai.

O diálogo entre as duas é o modo de exercitar a liberdade e um modelo educacional projetado pela mãe após a morte do pai. Ela decretou o diálogo (*sic*) como uma das formas essenciais de fazer-se presente na vida da filha (orientando-a e influenciando-a), definindo-a como instrumento de exercício e expresso de liberdade. Vera mostra-se convencida, partilhando da mesma crença e afirma que "tudo deve ser discutido com a mãe: amor, profissão, sexo, honestidade".

Além de significar uma maneira liberal de sua mãe conduzir a relação com as filhas, o diálogo é ainda valorizado por Vera como expressão de liberação da mulher atual. Ao dizer "hoje a mulher pode falar, pedir o que quer", ela acrescenta "é você que faz a liberação". Ao eleger a condição de poder pedir e falar, como exemplo de rebeldia contra condições impostas, mostra o quanto a fala serve a uma condição defensiva.

A morte do pai fortaleceu a união entre mãe e filha, mas essa amizade, quando desvelada, traz à tona nuanças de rivalidade e expõe uma relação tão conflituosa que obriga Vera a uma posição defensiva.

Qualificando sua mãe como demasiadamente exigente, Vera afirma que, por esse motivo, é impossível que realizem qualquer coisa em conjunto, mesmo quando há necessidade de ajuda. Assim, a mãe não aparece na sua história em nenhuma ação ou realização cotidiana, ainda que ela seja objeto de excessiva propaganda. Vera luta para não se submeter ao domínio da mãe.

Ao participar o quanto a mãe adora seus namorados (*sic*) e como partilha alegremente do namoro, acaba por trazer à tona as situações mais conflitivas. A agressão da mãe tem início tão logo deixa de partilhar de alguma situação prazerosa com a filha e então "mete a boca", agride, dá ordens e cria situações que, segundo Vera, só se resolvem com a submissão às suas ordens. Vera cumpre. Notemos que a mãe considera sua filha meiga e exemplar, não havendo qualquer tipo de enfrentamento entre as duas. A relação se dá sob o signo de certa sedução e de conquista.

A mãe, para Vera, é alguém que precisa frequentemente ser conquistada e "amaciada" em sua rigidez. Desenvolvendo e exibindo essa habilidade, a filha, por meio do diálogo, dribla e controla a mãe. A sedução é o instrumento eficaz de defesa contra tentativas de controle.

Diante de uma cena de namoro relatada pela filha (beijo e abraço no namorado), a mãe a chama e prepara-se para admoestá-la. Na iminência de uma reprovação (e possível ataque verbal) por desfrutar do "prazer proibido", Vera procura agradá-la, antecipando o sucesso em uma prova de inglês. O êxito se dá ao proporcionar satisfação à mãe por meio de uma espécie de fraude, de drible, que exige um prazer partilhado. Mostra o quanto não pode dispensar a proteção da mãe, nem desagradá-la, mantendo-a perto de si. Assim, ela pode não somente ser protegida, mas também "amaciá-la".

A mãe partilha da vida da filha pela necessidade de saber. A particularidade do relacionamento entre as duas não reside apenas no controle que efetivamente é exercido sobre Vera por meio do diálogo. Por meio deste, materializa-se certo tipo de controle em relação também à mãe. Vera não se opõe, mas dribla. Por sua vez, a mãe, ao compartilhar prazerosamente a vida da filha, pode controlá-la melhor.

Esse tipo de união, uma espécie de pacto, caracteriza-se pela necessidade de mulheres sozinhas unirem-se na defesa contra algo desconhecido e perigoso. O pacto exprime, assim, uma condição na qual aliança e fidelidade misturam-se fortemente com agressão, competição e culpa, ingredientes que compõem o tipo de apego entre mãe e filha. Da parte da mãe, o pacto traduz-se pelo apego, sob forma de controle, com a intenção de proteção e defesa. Da parte de Vera, denota fidelidade, proteção e certa "culpa" pelo sofrimento da mãe – por ela ser sozinha e ter perdido dois maridos.

Vimos que referências ao pai estão ausentes do cotidiano de Vera, a não ser pelas datas coincidentes com o período de seu adoecimento e morte. O pai aparece como aquele que marca o tempo de modo particular, orientando o sentido subjetivo da cronologia, interpondo-se na relação mãe e filha. Desaparecendo aquele que faz a filha emergir de um estado fusional com a mãe, que ameniza a relação ambivalente de ódio e amor, tomando para si a função mais protetora, cria-se uma condição favorável à intensificação dos sentimentos ambivalentes. Não é por acaso que, referindo-se à perda do pai, Vera diz que "justamente quando eu precisava mais dele, eu o perdi".

Nesse contexto, o pacto toma corpo e pode registrar um momento de particular importância na remodelação das exigências identificatórias: o trajeto da feminilidade em confronto com o *status* conflitante da sexualidade. Poderíamos descrever essa condição como a característica essencial da adolescência de Vera.

A aliança entre mulheres, a mãe forte, a morte do pai e a necessidade de ser esperta são elementos orientadores do que poderíamos chamar de fantasmática sexual de Vera, bem como de seu destino sexual. Tais elementos configuram-se como a matéria-prima que dá origem não somente ao contorno de uma unidade autorrepresentacional de gênero (mulher), mas ao tipo de pessoa e de mulher que se constrói a partir de certa identidade feminina.

Os relatos de Vera são ricos em exemplificar a maneira como obedece à mãe, o modo pelo qual a mãe partilha de seus namoros e, especialmente, a forma que o proibido se presentifica por meio do diálogo. Em uma palavra, a sexualidade de Vera está na conversa, naquilo que chama de diálogo.

Se a mãe quer saber, Vera fala do que lhe agrada. Fala do proibido, tudo é posto em conversa. Descobre-se assim que, no exercício do falar, do contar, exercita sua feminilidade, fala da proibição da sexualidade.

Não é de se estranhar que sua história não apresente ações de seu cotidiano, mas privilegie a riqueza do contar. A fala torna o lugar da ação, sexualizada ao extremo, e por meio dela mãe e filha satisfazem-se uma a outra, falando principalmente do proibido. Assim, a conversa com a mãe pode ser interpretada como o centro da sexualidade de Vera e o instrumento principal de sua identidade. Trata-se de um prazer em que sexualidade e falar se equivalem. Nesse sentido, falar do proibido é extremamente prazeroso.

Nos relatos em que Vera descreve seu modo de agir para disfarçar a desobediência à mãe, a esperteza se mostra na maneira como mãe e filha unem-se e controlam-se sedutoramente e, desse modo, também se protegem.

As relações amorosas são tema principal do relacionamento mãe/filha. Os dois relatos em que pretende descrever sua atuação, para resolver os aspectos conflitivos desse relacionamento, reforçam essa ideia. No primeiro, trata-se de uma situação na qual seria recriminada pela mãe – Vera está sendo abraçada e beijando um ex-namorado (a mãe não sabia que Vera havia retomado o namoro).

- Vera começa a falar a respeito de algo que traria prazer à mãe: o êxito na escola.
- Amacia a mãe.
- O namorado considerado "cara de pau" e "entrão" não liga para a severidade da mãe.
- A mãe perde a severidade diante do namorado, porque adora os namorados de Vera (*sic*).

No segundo – trata-se de um diálogo – mãe e namorado de Vera conversam no portão. A mãe convida o namorado a entrar e lhe pede para mudar um vaso de comigo-ninguém--pode de lugar.

- Mãe teme que um sobrinho ainda pequeno ingira o veneno da planta que está no vaso.
- Havia dois rapazes na casa, e o namorado não se mexeu (*sic*).
- Vera avalia que para três mulheres seria impossível, mas para um homem o vaso era leve.

Em primeiro lugar, Vera conta como faz para não contar, fala de seu êxito em driblar a mãe, mantendo com ela proximidade e união. Em segundo lugar, a união revela como a mãe traz o proibido (namoro) para junto das duas mulheres e assim pode controlá-lo (namorado).

A mãe, ao convidar ou aceitar a presença do namorado dentro de casa, revelando prazer nesse gesto, não somente pode controlá-lo como pode partilhar com a filha do veneno de erotismo, que tanto teme ser experimentado pela jovem.

Ainda como possibilidade interpretativa, podemos ouvir que a resposta de Vera à sua relação de obediência à mãe é que "comigo-ninguém-pode". Como lembrança-imagem, "comigo-ninguém-pode" materializa-se em significações: veneno, planta decorativa e de difícil transporte, tal como Vera: difícil de dominar, sedutora.

Vera "relata", nesses dois diálogos, o poder entre homens e mulheres, marcando que a comigo-ninguém-pode não pode ser dominada por três mulheres, mas para o homem é fácil (*sic*).

Se a primeira descoberta que o eu faz no campo das referências identificatórias é a de ser homem ou mulher, pode-se dizer que Vera reconhece-se mulher invencível. Se ela se autorrepresenta invencível, condição que vive em especial com as mulheres com quem tem experimentado um envolvimento intenso, sem dúvida, sua invencibilidade ameniza-se na relação com o sexo oposto. Daí podermos concluir que três mulheres, a mãe e as duas irmãs, não podem dominá--la, mas um homem sozinho pode: o namorado. É possível entender que ao "não se mexer para cumprir a solicitação da mudança do vaso", o namorado colabora para que Vera escape do controle da mãe.

Por meio da fala, usada como instrumento de controle e de prazer, Vera pode se ver preparada para ser independente e esperta, principalmente em relação aos homens. Sua invencibilidade inscreve-se nos diferentes relatos informando-nos que pode comandar os controles exercidos sobre ela – sobre sua condição feminina. Na conversa conosco, Vera quer fazer crer que nos toma como sua confidente, falando das proibições que a afligem. A aliança para a qual nos convida é, para ela, exercício e teste de identidade. Cautelosa, Vera exibe sua astúcia dizendo que "a gente diz que mãe é a melhor amiga, mas não conta nada para ela". "Eu sigo aquela regra: pra quem entrega teu segredo entrega tua liberdade." Ao avaliar a condição da mulher, lembramos sua afirmação "é você que faz tua liberação" (sic).

Na verdade, Vera não propõe alianças (conosco ou com a mãe) para confidenciar, mas para exercitar possibilidades de liberação dos controles e do proibido.

Uma primeira apreensão da invencibilidade com que se autorrepresenta pode dar uma dimensão de rebelião e enfrentamento em relação à mãe, que sugere uma violação do pacto. Essa violação é apenas aparente, pois, conforme já vimos, o proibido e o perigoso são partilhados pelas duas e também controlados por ambas. Assim, o que sugere rebelião é simplesmente expressão da especificidade da aliança entre mãe e filha.

Coerência entre pacto e invencibilidade constitui uma clara metáfora da identificação de Vera com sua mãe. Da estreita ligação com ela, sua identidade nasce, sexualizada ao extremo, manifestando-se em um incansável "falar do que fazer e nunca falar acerca daquilo que faz".

Observemos que a relação mais precoce entre ego e outro está compreendida a partir da categoria da identificação primária e especular: a mãe ocupa o lugar do modelo ideal. Mas, como observa Bleichmar (1988, p.77),

> a menina, ao tomar a mãe como modelo, processo facilitado por sua total equivalência e semelhança, tem inicialmente uma identidade de gênero idealizada que a enche de orgulho. Admira sua mãe pela administração do lar e dos filhos e deseja ser como ela. Na relação de ser a ser, a ambivalência é máxima, porque, por momentos, esse ser que imita, incorpora e substitui também é objeto da primeira dependência, a quem deve obediência para seguir recebendo carinho, cuidado e amor.

Esse primeiro momento marca o ideal feminino pré-edípico e contribui para a emergência de um núcleo de identidade na menina – de ser igual ao seu ideal – e aos poucos vai cedendo lugar a diferentes percepções da relação com a mãe. Especialmente na puberdade, o deixar de ser criança, para a mãe, dá lugar a um cenário de rivalidade, abrindo vários caminhos ao destino que a mulher dará à sexualidade e à sua valorização narcísica.

A idealização que faz da mãe exige que se confronte com o poderoso controle que a mãe exerce sobre ela, como também impõe uma luta contra um sofrimento que compõe o ideal materno. Tal contexto pode ser ilustrado pela fala de sua primeira menstruação: "Eu estava na casa de uma colega, já sabia tudo sobre isso. Senti algo, fui ao banheiro e vi o sangue preto. Quis ir logo pra casa pra chorar junto de minha mãe. Só servia minha mãe, outra pessoa não servia".

Dentre tantas possibilidades que sugere esse texto, uma primeira leitura que nos impõe é a da articulação entre valorização narcísica e sexualidade e a criação de uma identidade feminina, tendo como cenário o vínculo com a mãe.

Tanto quanto a identificação favorece o nascimento do gênero feminino, a atualização das vivências do complexo de Édipo (via castração) inova as fantasias acerca do corpo e reorganiza as relações com o eu e com os outros.

O novo fato no corpo de Vera provoca-lhe vontade de chorar, mas apenas junto da mãe, não de outra pessoa. Esse momento mágico se abre ao desenvolvimento da feminilidade, ao universo da criação, seja no sentido físico concreto – o da reprodução – seja no da possibilidade de ser como a mãe. A feminilidade, expressa de forma genital, traz também o valor do proibido (pecado).

A procura de proteção e amparo na mãe sugere a representação de perda contida na menstruação e é o que a direciona nesse sentido em busca de reconhecimento e até mesmo de desculpar-se das possibilidades de, como mulher, vir a tornar-se igual a ela. No sangue perdido, inspirando tristeza, na busca da mãe e no choro, estaria presente o sentido de ferida, de pecado, de queda moral?

A celebração desse possível significado da menstruação coloca-a em igualdade de condição em relação à mãe, pois assim Vera deixa de ser sua criança, tornando-se mulher como ela.

A aceitação da mãe, não mais como onipotente, e a impossibilidade de permanecer criança para ela provocam o reconhecimento da incompletude que, segundo Lacan (1987), dá ao complexo de castração uma dimensão intersubjetiva.

Sofrendo os efeitos do descobrimento da sexualidade (sob forma genital) pela menstruação, o narcisismo infantil se vê abalado e assim se estabelece o conflito entre as referências identificatórias e a exigência de remodelação dessas referências.

Um significado que esse "assunto" de Vera permite construir diz respeito ao pacto e à relação com o desenvolvimento da feminilidade. Revela que é com a mãe que deseja celebrar um momento muito particular de sua vida, num gesto quase que de reparação. Revela, principalmente, que a aprendizagem do ser mulher tem, no tipo de apego com a mãe, um determinante fundamental, inscrevendo o proibido na condição de inevitável nessa relação de diálogo entre as duas.

No falar com a mãe, Vera dimensiona suas possibilidades de defender-se dos ataques (pressupostos) de um mundo ameaçador, experimentando limites no "amaciar" a mãe, extraindo daí, enfim, força para, como diz, "fazer sua liberação".

Não é propriamente nas ações, mas na conversa (em diálogo) com a mãe que Vera vai tecendo sua autorrepresentação de invencibilidade. Certamente por essa razão quis estar apenas junto da mãe. Outra pessoa não servia (sic). Além disso, a manutenção da identidade de Vera expõe um empenho em defender-se de uma possível fragilidade, que se traduz em tornar-se sofredora como a mãe. A busca de independência, a astúcia, a conduta reivindicatória compõem uma esperteza que se caracteriza por um constante estado de alerta contra possibilidades de ser desvalorizada, enganada, "machucada", sofrer, enfim. Lembremos que no período de transformação da vida de Vera (o da puberdade) o pai está ausente, não a protegendo nem estabelecendo proibições.

Assim, mãe e filha passam a falar dos perigos que o mundo masculino representa. As ações são controladas e substituídas na conversa. Seduzindo-se mutuamente, elas garantem uma condição para tentar evitar sofrimentos. Da parte da mãe, a busca é para evitar que Vera realize o proibido; da parte da filha, é para não desagradar à mãe (provavelmente por meio de sua feminilidade).

De certa maneira, a conversa pode ser associada à sedução e à defesa contra o sofrimento (ou mesmo à experimentação de limites). "Eu nunca levei nada a sério, não. Só no começo do namoro, você é tonta, a gente chora, depois vai aprendendo a fazer joguinho ao invés de chorar. Você vai aprendendo" (*sic*). O jogo a que se refere, está evidente, é o uso da astúcia para conquistar namorados e, principalmente, elaborar estratégias para mantê-los. Começa a namorar aos 14 anos para, segundo ela, esquecer o primeiro amor. Depois de três anos, ao perceber que o namorado era o "moço ideal", muito "certinho" e muito "sério", a paixão terminou. Ela o considerava "um fraco, um Romeu, um amor melado, um santo que não fazia nada errado" (*sic*). A relação incomodava-a conforme essas características não combinavam com sua forma de ser e porque, diferentemente do namorado, sabia fingir e simular situações de mágoa para extrair vantagens.

Aos 17, apaixona-se ao mesmo tempo por rapazes muito diferentes. Apesar disso, vê-se impossibilitada de decidir-se a prosseguir qualquer relacionamento. Por indecisão, esforça-se em mantê-los à sua volta (namorados e ex-namorados), além de permanecer sempre atenta também a novas possibilidades. Segundo ela, não pode se sentir perdedora e por isso precisa estar sempre atualizando e testando sua capacidade de conquista.

Os relacionamentos caracterizam-se por uma conduta de conquista que, após o êxito, tende a transformar-se em estratégias de fuga. A impossibilidade de escolher entre vários rapazes é acompanhada por um medo muito grande de sentir-se presa do namoro (ou vir a sofrer no futuro). Nesse contexto, o binômio ataque/fuga revela-se o polo caracterizador de sua conduta nas relações amorosas. Logo após a conquista, todo namorado revela-se incompleto; o afeto é dividido na busca de relações variadas.

Diante de tanta indecisão, ela tenta optar "racionalmente", tomando decisões práticas, frequentemente com a ajuda da mãe. Pesam as vantagens que lhe são oferecidas pelos rapazes, suas qualidades, o nível da família etc. As decisões, porém, somam-se ineficazes quando passa a confrontar a delicadeza e seriedade de A com a agressão sensual de B. Vera cai na indecisão e passa a valorizar sempre aquele com quem **não** está.

Todo o relato da jovem, no qual se pode verificar a luta entre aproximação e fuga do vínculo amoroso, sugere uma determinação a prevenir-se contra a dependência e dominação dos homens, procurando, com isso, exercer sobre eles controle suficiente para evitar que a relação traga sofrimento.

Notemos que, embora a preocupação em proteger-se de ser enganada e desvalorizada seja uma constante em sua história, o interesse pelo namorado considerado "sério", "apaixonado" e "certinho" cede lugar àquele definido como "violento, como quando a mulher era submissa, amor de filme de faroeste". "Ele machuca, faz coisa errada, é puteiro. Eu nunca sei quando vou ver ele. Quando a gente sai, ele me larga sozinha e volta depois de um tempão".

A serviço de experimentar-se desejada, medindo especialmente seu poder de conquista, de astúcia e de dominação sobre os namorados, está a incessante tendência sedutora. Para isso, convenhamos, não servem aqueles que lhe dão certeza de seu amor. Além disso, a medida de sua força só pode ser certificada por pessoas pouco dispostas a se submeter a seus encantos. Nesse esquema, mais do que sentir que o amor por pessoas ideais esmorece, Vera, convictamente, define os namorados como fracos, com os quais, fica evidente, não quer conviver por não servirem ao desafio a que se propõe. Muito mais do que o namorado, a conquista se investe de forte valor emocional.

Como entender o paradoxo de apaixonar-se por um tipo de pessoa que deve ser evitado em sua vida? Ao lado de observarmos a perseverança em desejar como uma tendência que abriga a essência da insatisfação, verificamos também que o homem estimado é justamente aquele que a desmerece, que como "puteiro" coloca-a sempre na iminência de uma disputa com outra.

Outro fato que chama a atenção é o de valorizar não somente o violento e o "puteiro", características do forte e desafiador, mas também o de ser atraída pela maneira pela qual expressa afeto, típica, segundo ela, de uma época em que a mulher era submissa. Na submissão, pode experimentar a força de seu próprio controle sobre o perigo de ser capturada pelo vínculo afetivo.

Embora se descreva como submissa, dizendo que "menina não gosta de tomar decisão", e que a "mulher espera decisão do homem", Vera ao mesmo tempo diz que fica sonsa, fazendo-se de boba, mas observa tudo e sabe criar situações para que o namoro se desfaça: "quando eu quero terminar, eu invento uma situação e digo que ele me machucou (mas isso não é verdade) (sic)".

A análise do tipo de apego entre a jovem e sua mãe é essencial não somente para se apreender como constitui e mantém uma identidade, mas é também exemplar da maneira pela qual, comumente, as mulheres se relacionam entre si. A conversa, "o papo", a intimidade partilhada são instrumentos coletivos de prazer. A confidência é um meio de desfrutar um universo erótico. Esse hábito, tão conhecido, é referido pelas mulheres como uma situação na qual procuram "aliviar-se".

A relação de Vera com a mãe, embora menos confidencial do que pareça, é paradigmática de como as mulheres logo cedo (com a mãe) podem compartilhar o universo de sua sexualidade.

A "paixão" da mãe pelos namorados da filha, a maneira como participa de seu namoro e a necessidade de Vera em "contar tudo à mãe" (e a nós também) mostram a relação entre intimidade e cultivo de uma aliança, que serve, a um só tempo, para satisfação e controle, numa experiência que caracterizamos como a duplicidade fraude/gozo. Nessa complexa relação, de certa maneira, cultua-se o vínculo entre o prazer e o proibido, a sexualidade e seu narcisismo.

A primeira condição que associa a si como mulher, tal como a da mãe, é a da mulher que pode vir a sofrer – que na adolescência expande-se para a percepção concreta do feminino como sinônimo de perda, desamparo. O apego à mãe surge, então, como o caminho da feminilidade de Vera, emergindo num misto de invencibilidade e de desproteção. No campo da astúcia e da invencibilidade, descobre-se a fragilidade e o temor de ver concretizada a mesma sorte da mãe (ideal-rival): forte, eficiente, mas inevitavelmente sofredora. Como que numa atitude preventiva, ela evita sentir-se presa (*sic*).

O amor está associado ao perigo iminente e, por essa razão, deve manter sob seu controle suas relações amorosas. Esforça-se por entender por que motivos o amor que nutre por um namorado enfraquece sempre na direção oposta ao interesse dele por ela. Queixa-se da tendência a optar por desinteressados, afastando-se do homem que a trata bem, que é fiel, que a valoriza.

A partir de então, podemos melhor compreendê-la como mulher e outra lógica vai-se descobrindo. Se todo vínculo amoroso é perigoso (incestuoso?), quanto mais definido é um namoro, maior o risco de ele tornar-se estável para a concretização de um casamento (= prisão). Se a manutenção da identidade encontra-se na busca do experimentar-se invencível, a estratégia essencial para tentar garantir essa condição é a do controle, o que realiza ao atrair o perigo para junto dela (e da mãe), certificando-se e testando-se nas possibilidades de afastar-se dele. Por esse motivo, é tentada a conquistar vários rapazes e levada a escapar de todos, apaixonando-se por aqueles que lhe oferecem garantia de instabilidade. A concretização da conquista constrói o sentido da fragilidade de Vera, pois a partir dela se empenha em evitar o "destino". Assim, como criatura do desejo, o destino contraria as intenções de Vera e mostra o relativismo de sua eficiência.

Seu empenho em evitar um futuro temido choca-se com a predestinação, e Vera estará muitas vezes próxima ao perigo que deve evitar.

Para preservar uma identidade, "submete-se" (tal como faz com a mãe) ao namorado "forte", "violento" e "puteiro". Não poderia ser diferente, uma vez que, somente em situações de desafio, pode certificar-se de seu poder de driblar. Somente com espertos ela tem a chance de testar seu poder de conquista e controlar o "não apego". Assim, ela exerce quase uma disputa com o poder dos namorados-espertos, o que produz situações em que a impossibilidade e a dificuldade veem garantida a representação de uma identidade.

O temeroso é "o amor melado": aquele que pode envolvê--la, misturar-se nela, contrariando a ideia de invencibilidade, da mesma forma que, sem controle, o melado físico escorre em suas pernas, surpreendendo-a, anunciando e registrando o prazer e o perigo da feminilidade.

A busca de independência e de controle na relação com a escola não pode deixar de ser considerada. Lembremos que em casa Vera é tida pela mãe como meiga e dócil. Na escola, no entanto, ela é considerada rebelde, especialmente no relacionamento com as autoridades. Ao mesmo tempo em que critica que "hoje a escola não domina mais o aluno", "hoje, se o aluno não quiser copiar a matéria, não copia", "antes tinha palmatória", declara que "antigamente o aluno tinha mais interesse", "antigamente era melhor porque havia mais respeito entre professores e o aluno, hoje o aluno levanta e fala e, antigamente, tinha que aprender para depois falar", outras ideias são declaradas, como: "eu detesto estudar... eu não gosto de quem trabalha aqui, eles querem regular muito a disciplina"; "é uma tonteira. Só pode entrar atrasado uma vez por mês na segunda aula. A gente fica obrigada lá dentro e começa a atrapalhar a aula".

Ao mesmo tempo em que fala com pesar dos tempos em que o controle, segundo ela, era perfeito, critica o tipo de regime exercido pela escola atualmente, definindo-o como autoritário. Deixa claro que a instituição escolar era eficiente para produzir um aluno obediente, porque exercia sobre ele uma autoridade absoluta. Reside aí o elemento principal de sua crítica à escola de hoje. O paradoxo de seus argumentos é apenas aparente, possibilitando a percepção de uma lógica que pode ser compreendida a partir do sentido representacional que a escola adquire para ela.

Ainda que Vera frequente dois cursos, devemos registrar a sua evidente falta de interesse e de dedicação aos estudos. A escola constitui-se muito mais em espaço de interesse, de lazer e de namoro do que de formação intelectual e profissional. A preocupação com a independência não guarda relação com a formação profissional. Na frequência à escola, ela não busca a aprendizagem, mas, tão somente, obter dois diplomas que, no seu entendimento, lhe proporcionarão o poder de disputar uma condição de independência em relação aos homens.

Procura apoderar-se do que é culturalmente reconhecido como instrumento de ascensão social. A posse dos diplomas significa municiar-se do poder que a tradição reconhece para o homem. Negando interesse pelo conhecimento, quer o essencial do diploma: o poder que ele oferece. Além disso, todo o relato acerca da escola deixa entrever que o sentido dela, em sua vida, é o da "revivência do pai ausente".

Ao dizer "hoje ninguém sabe nada... um homem de 50 anos (idade que seu pai faleceu) semianalfabeto sabe mais do que nós", podemos hipotetizar que desde o desaparecimento de seu pai, desapareceram também, para ela, o controle absoluto, o castigo (palmatória) e a sabedoria – instrumentos investidos de valor de formação. Isso é o que Vera cobra da escola revivendo nela o desaparecimento do pai.

Por desprezar o diálogo, a escola é avaliada como fraca, tão desvalorizada quanto os homens que não a dominam o quanto deveriam. Vera cobra, então, o autoritarismo que conhece, o qual, por meio do diálogo, promove uma crença na liberdade. A escola representa o pai a quem Vera perdeu, aquele que poderia controlá-la perfeitamente, mas esse controle não existe mais.

Nesse contexto, o reivindicar mais autoridade e a valorização do passado e da palmatória organizam um sentido que poderíamos chamar de presentificação da sexualidade punida. A escola busca, ao negar o diálogo, em oposição ao que faz a mãe, exercer controle total sobre Vera, exigindo obediência sem discussão. Por essa razão, a escola é eleita como espaço de rebelião e agressão.

Sua maneira de vivenciar a escola faz pensar que os poderes desaparecidos, a que se refere, foram reintegrados por ela (e pela mãe) e transformaram-se em independência, também exercitada na escola, em relação às autoridades que a submetem.

Como na relação com a mãe, Vera traz o proibido para a conversa e, falando, desfruta do prazer de controlar; vive o proibido na conversa ao mesmo tempo em que fala daquilo que satisfaz a mãe (palmatória, controle etc.). Ao afirmar que atualmente o aluno pode enganar, fazer o que quiser ou que hoje ninguém domina mais o aluno, responde como construiu sua identidade: hoje, comigo-ninguém-pode.

Embora denuncie tudo aquilo que a submete, Vera exemplifica o insucesso desses controles. Sobre ela referindo-se à escola, diz: "aqui você não precisa fazer nada para berrarem com você. Outro dia, na aula, a inspetora entrou na sala e depois disse: 'com licença, professor'. Aí eu, de dentro, falei: 'agora você já entrou, não precisa pedir licença'; pronto, já levei um coice, mas eu falei brincando". Esse exemplo nos mostra como, na escola, Vera se prepara para controlar a chegada do controle, observando as incoerências presentes no exercício da autoridade e mostrando aos representantes da ordem o quanto são incapazes de dominá-la.

Tanto a meiguice no compartilhar tudo com a mãe quanto a rebeldia em relação às autoridades escolares constituem meios de testar e aprender limites, provando assim as possibilidades de desvio da obediência. Na escola, reclamando do excesso de dominação, dribla o quanto pode. Com a mãe, a doçura e a meiguice abrem caminho para a dissimulação.

E assim Vera falou muito... e pôs, em conversa, a satisfação e o controle do proibido.

Vimos como o diálogo mostrou-se um instrumento que anima uma aliança entre mãe e filha, tão eficaz que somos tentados a afirmar que a mãe tem a filha que deseja e na filha o que deseja.

A análise de Foucault (1979) a respeito do exercício do poder repressivo da modernidade é pródiga em mostrar que o proibido foi colocado em discussão, revelando a relação entre poder e saber. O parentesco que liberdade e verdade estabelecem entre si mostra que a modernidade inaugurou o diálogo, a confissão, o discursar sobre o sexo como estratégia de controle do indivíduo, a serviço da repressão. Segundo o autor, "dentre seus emblemas, nossa sociedade carrega o do sexo que fala".

Para ele, a grande inovação da sociedade moderna não diz respeito à libertação sexual, e sim a uma nova estratégia de controle e de coerção dos indivíduos, que se expressa na vontade de saber sobre a sexualidade. No falar, na confissão, o controle é o gozo partilhado, ou, como afirmou Herrmann (1979, p.70), "aquilo de que falamos, e de que nos pedem que falemos sempre mais, realiza-se no dito como assunto, e morre. De fato, é contra a palavra do desejo que se arma a repressão, não contra exprimi-lo como assunto de conversa nem contra realizá-lo irrefletidamente".

Todo movimento emocional expressa o sentido da "onipresença" da mãe, e na conversa partilhada presentificam-se o prazer, o proibido, a rivalidade e a culpa. A conversa surge como núcleo fundamental de suas referências identificatórias. O falar com a mãe é o campo de desenvolvimento da feminilidade de Vera e marca a especificidade da relação entre valorização narcísica e sexualidade. Isto é, a fala coloca-se como centro da sexualidade, centro que encarna prazer e sua proibição e, ao mesmo tempo, narcisiza-a ao torná-la bem-sucedida.

Num misto de ânsia de desejo e de renúncia, a feminilidade faz oposição à sexualidade, e a identidade feminina vai revelando seus contornos. Vimos que nos relacionamentos amorosos esses elementos dão corpo aos movimentos emocionais.

Observemos que tantos séculos de cultura têm revelado que o exercício da sexualidade não valoriza a mulher, expressando, assim, o *status* conflitante da sexualidade feminina. A maternidade também revela este conflito, pois sendo função da feminilidade é tomada em consideração, pela cultura, de modo ambivalente. Basta lembrar que, se é como mãe que Maria galga o *status* de sagrado, este *status* é alcançado com exclusão da experiência sexual.

O dilema da feminilidade constitui-se, de um lado, pela exigência do desenvolvimento do narcisismo – a mulher deve ser sedutora e *sexy* – e, de outro, esse narcisismo deve mantê-la distante da aprendizagem da maturidade sexual. Deve manipular o homem, fazer-se desejada, mas manter-se mulher-menina.

Segundo Bleichmar (1988, p.130),

a virgindade constitui a expressão mais pura da estrutura profundamente contraditória do papel sexual exigido e esperado da mulher. Se a conversa mantém a honra de seu gênero, o que eleva seu narcisismo, mas permanece em um nível de erotismo infantil, o que faz sentir-se incompleta; se, pelo contrário, acede ao desejo e à sexualidade, cultiva-se, crescendo como fêmea, cai presa do tormento de perder o homem e passar à categoria de mulher desonrada ou de ver-se levada à formalização uma união precoce para evitar este risco, o que está longe de narcisizá-la.

Essas questões estão presentes nos relatos de Vera, que busca falar muito (com as mulheres) para poder experimentar a capacidade de sua sedução e de controle, calando-se sobre os segredos mais íntimos. O prazer proibido surge, assim, na erotização da fala partilhada entre mulheres e encenada pela prática de assédio e sedução dos homens. A garantia de sua autoestima, como já observamos, está estreitamente associada ao êxito da sedução, mas não é a valorização do olhar do outro que a narcisiza, e sim a garantia de enredá-lo em seus encantos e de recriá-lo em seguida.

Evidencia-se um exercício entre submissão e dominar. Vera se submete aos controles para extrair, de sua obediência, a principal arma de combate a ela. A fala não aparece como instrumento intelectual de luta, mas como meio de satisfação do outro (mãe, namorados) na determinação de experimentar o controle e o poder.

Da história de Vera já apreendemos que é no entrejogo de uma conduta submissa e controladora que ela cria o espaço para a desobediência. Contudo, a submissão deve ser aqui entendida no sentido de aliança. Na verdade, alia-se à autoridade e assim tenta experimentar o controle exercido por ela. Aliando-se a normas e regras é que pode também violá-las de maneira eficiente, obtendo para si resultados positivos. Ficou claro como Vera vai aprendendo a controlar a maneira como vai ser submetida – por meio de sutis desvios de normas (des) e de pequenas rebeldias que pratica.

Pode-se dizer então que ela tenta controlar aquilo que vai ser (serás).

Sob esse procedimento fica claro que ela não está passiva, submissa a normas; o que há é uma submissão ativa. Vera age sobre elas, manipulando-as; cria uma situação de desafio na escola ou com o namorado, provoca um acontecimento novo com a mãe ou com o namorado, tudo para testar limites, e é assim que acaba controlando as situações. Em todas as áreas de sua vida está testando limites e é dessa maneira que aprende como burlá-los e submeter-se a eles. Toda imposição que recai sobre ela é, antes de tudo, um desafio, nunca algo que deve acatar totalmente ou contra o qual deva rebelar-se de maneira extrema. Resumidamente, esse é o caminho que segue a constituição e a problematização de sua identidade.

A história de Vera ilustra bem o movimento do "des/obe-de/serás" porque, para ver (serás) aquela que manipula o controle, regra que orienta sua vida de relação, é preciso que teste seus limites e sua força. Essa operação de teste é realizada justamente por meio de algumas desobediências (des) que lhe proporcionam sensação de liberdade e de independência. Testar os limites da obediência pela transgressão a faz adquirir controle sobre tudo aquilo que a submete. Vemos esse esquema presente em suas relações com a família, com a escola, com os namorados e na vida social em geral – ele dá sentido e coerência interna às condutas de Vera.

Considerada boa aluna pela escola e filha exemplar pela mãe, Vera se autorrepresenta como uma pessoa forte, independente e invencível. É interessante notar, todavia, que todo o tempo ela denuncia e exibe, como que num porta-estandarte, tudo aquilo que a domina: reclama das exigências da escola, da mãe, dos homens, das exigências morais, como se fosse vítima completa dessa dominação. É como se dissesse: "Vejam, tudo isso são coisas que me dominam, e às quais estou completamente sujeitada".

Sua conduta, porém, demonstra uma especial habilidade para lidar com todo esse universo de dominação. Ela age sobre ele por uma estratégia de ataque sutil. Tal como já descrevemos, é da aliança (representação de força e domínio) com a mãe que Vera extrai sua força para defender-se dos perigos da vida. É como se o futuro fosse ameaçador, e ela lutasse para afastar-se dele como quem foge de uma predestinação. Para isso, há de ser forte e controlar todo tipo de domínio que recai sobre ela.

Como a mãe, tudo aquilo que representa ameaça e domínio Vera traz para perto de si a fim de ser controlado. O perigoso e o que deve ser evitado devem estar sempre à sua vista e sob seu controle. Mas essa forma mesma de evitação e de proteção sugere a existência de uma fragilidade que precisa esconder. Essa condição fica suficientemente elucidada, por exemplo, na relação que estabelece com os namorados. Tudo se passa como se tivesse que evitá-los para afastar a possibilidade de sofrer, de sentir-se presa, submissa e acabar sozinha. Como exímia conquistadora, Vera atrai vários rapazes, mantém todos à sua volta e depois de conquistá-los logo se afasta deles, argumentando impossibilidade de decidir-se no amor. É levada então a estabelecer relações descompromissadas com rapazes que a desprezam, sem entender por que o faz. Todo o cuidado em evitar sofrimento futuro constitui o sofrimento presente de Vera. Fica ilustrado por esse exemplo a trajetória de identificação com sua mãe.

Como a comigo-ninguém-pode, toda força de Vera (a da sexualidade como veneno) oculta-se por meio de uma aparência atraente e inocente, como a de uma planta decorativa que contém veneno. O que se pode chamar de desvios, ou rebeldia, na conduta de Vera representa um movimento necessário e eficiente para que ela possa obedecer e, principalmente, comandar os controles que agem sobre ela. Vera atua com os namorados, com a própria mãe e com a escola por um jogo em que a obediência é seu próprio instrumento de sedução e de independência.

Na maneira de ser, exprime o movimento completo de "des/obede/serás". Notemos que a condição de "comigo ninguém pode", representando uma proclamação de força e invencibilidade, é uma condição resultante (serás) de experiências de pequenas violações (des), que funcionam como experimentos de controle (serás) sobre aquele que é exercido sobre ela (obede). Assim, o "comigo ninguém pode" mostra certa conformidade com o pacto. Este porém não diz respeito a uma adesão completa de Vera às normas (obediência passiva à mãe, por exemplo), mas ilustra toda a dinâmica do "des/obede/serás", porque vimos que a qualidade de apego à mãe, essa força que faz que tudo seja desfrutado e controlado por mãe e filha, expressa-se exatamente por operações de rebeldia, de certo desvio de ordens.

Essa prática de "compartilhar tudo" com a mãe constitui um meio de testar e apreender limites a partir da própria obediência (aliança). Assim, o apego e o controle que faz pela "aliança com a autoridade" é o que permite à jovem a desobediência e, portanto, uma representação de liberdade. Dessa maneira, mantém-se apegada à mãe – condição que poderíamos denominar de matriz orientadora dos destinos de sua vida de relação – e viola normas; todavia, a violação é também compartilhada e controlada pela mãe, exatamente para que a própria Vera, ao mesmo tempo em que desfruta experiências com a mãe, também exerce controle sobre ela. Assim é que passa a ser aquela que "controla-controles" (serás). Podemos dizer que essa é também a dinâmica e constituição do pacto. Com efeito, o que Vera é, controladora de controles, é o resultado de uma combinatória entre aquilo que ela des-"obedece".

A partir dessas considerações contamos ter esclarecido a aparente contradição que existe entre a maneira como ela é tomada pela escola (rebelde) e pela mãe (uma menina muito doce). Na realidade, Vera controla tanto uma quanto a outra.

A morte do pai e a chegada da puberdade assinalam, para Vera, o ressurgimento dessa angústia que se pode ver materializada no pacto e na autorrepresentação de invencibilidade pelo "comigo-ninguém-pode".

As oscilações de identidade que se impõem com a chegada da puberdade resultam, de qualquer forma, em soluções produtivas, no sentido emocional do termo. Produzem representações que transformam toda "carência" em possibilidade de sua superação a partir de uma representação de força e de poder.

Vera crê em sua esperteza e não duvida disso. Seu dinamismo emocional, ligado ao exercício de identidade, ou tão somente "passagem", expressa uma forma muito comum e em conformidade com o desenvolvimento da feminilidade em nossa cultura.

Por outro lado, como afirmamos, a possibilidade de manutenção desse esquema como um esquema fixo seria associada a um processo patológico de formação de identidade que instauraria a dúvida como forma fixa, expressando-se numa busca incessante de certificar-se da condição de desejada – duvidando de sua invencibilidade e, ao mesmo tempo, tentando prová-la incansavelmente.

Ângelo, 16 anos

Trataremos da história de um adolescente que, mesmo considerado o melhor aluno da escola e o mais educado, esconde uma significativa incapacidade para o conhecimento, incapacidade essa essencial na representação que tem de si.

Ângelo é o melhor aluno e o mais disciplinado. Extremamente dedicado e bem-sucedido na escola, sua história pode ser vista sob outra perspectiva: como a de um fracasso que a escola "não vê" e que, embora pouco difundido, não deixa de ser um desafio ao projeto educacional e à formação dos educadores.

FRAGMENTOS DA HISTÓRIA DE ÂNGELO

O mundo tem dado oportunidade para os moços fazerem o que querem. O relacionamento sexual é exagerado e não tem maturidade... Eles agem pela satisfação e já partem para outra logo, só em busca de satisfação. Querem sempre dar suas ideias, isso é bom, mas os moços não dão a cooperação na sociedade que deveriam dar. O futuro da pátria depende deles.

Essa é a fala do jovem que nos faz crer estarmos diante de um porta-voz que, por exercer tão bem sua função, não se dá a conhecer. Além de sua aparência enrijecida e do sorriso posto, em seu discurso, Ângelo repete leis, ordens, mandamentos, como se realizasse o conteúdo de uma fala modelo.

Uma inadequação entre o rosto púbere, muito alvo e ainda imberbe, e o discurso guardião da tradição coloca em xeque a ideia, dominante, de sentido restrito, do comportamento opositor do adolescente.

Avesso a qualquer tipo de sociabilidade, ele afeiçoa-se, desde criança, a pessoas muito mais velhas, especialmente aos idosos. Sua vida social restringe-se à frequência à escola e à igreja, mas afirma serem limitadas suas relações com professores e pastores.

Quando criança, Ângelo não demonstrava interesse por brincar e, segundo a mãe, embora os brinquedos que lhe eram presenteados pouco o atraíssem, empenhava-se em guardá-los e mantê-los sempre intactos. Ele ainda os possui, a maioria em bom estado, quase novos.

Logo que se alfabetizou, aos cinco anos de idade, os livros tornaram-se seus companheiros. Entregando-se à leitura, desprezou qualquer atividade social. A partir dos dez, começou a distanciar-se do pai, em oposição cada vez mais ostensiva em relação a costumes, gostos e profissão. Nesse mesmo período, seu apego à mãe acentuou-se. Considera-se muito parecido com ela e muitíssimo diferente do pai, a quem definia como homem rústico e autoritário, ao mesmo tempo desligado e indiferente.

Os pais (e os adultos em geral) são alvo de críticas severas. São criticados por não cumprirem as promessas de castigos. Ângelo considera os adultos culpados pelos problemas da juventude, por não oferecerem limites à liberdade dos jovens e incapazes de mostrar "a causa dos acontecimentos do mundo" (*sic*). Diz reparar seus erros sozinho, afirmando não temer seus pais porque "eles prometem castigo, mas não cumprem" (*sic*).

Em que pese o autoritarismo de que está investido o pai, Ângelo só faz o que quer (*sic*). Por imaginar-se ocupando o cargo de diretor de escola, escolheu o curso de magistério, opção contrária ao projeto de seu pai, que, além de considerar a docência uma profissão feminina, almeja para o filho um cargo alcançado por meio de concurso público. Esse ideal é especialmente referido pelo pai, que, com o objetivo de realizá-lo, tem criticado radicalmente muitas tendências de Ângelo, especialmente as referentes à escolha de trabalho. Apesar das pressões, ele opõe-se aos anseios da família, que imagina outro futuro para o rapaz.

Ataca severamente os programas de televisão, considerando-os, na maioria, pornográficos, por isso não assiste a nenhum. Insiste que os meios de comunicação, a escola e a família estão educando muito mal os jovens, que, segundo ele, "têm tido muita liberdade para experimentar tudo o que desejam".

Em casa, passa o tempo "lendo, fechado no quarto", para evitar a invasão de quem quer que seja. Não permite sequer a entrada da mãe, com quem mantém um relacionamento bastante tranquilo. Cuidadoso com os livros, evita abri-los totalmente durante a leitura para que fiquem conservados.

Reafirmando sempre sua independência, anuncia, com muita insistência, a meta de ser original, que carrega como emblema de si mesmo. Determinado por esse ideal, Ângelo distancia-se do pai, que, sem nenhum resultado, insiste em sua companhia para atividades de lazer, como pescarias, jogos de futebol e passeios.

O gosto pela culinária por vezes é colocado em prática quando ajuda a mãe ou a substitui na cozinha. Mostra-se extremamente responsável e invariavelmente acaba tomando o lugar dela, principalmente nas repreensões ao pai e à irmã de 13 anos, por deslizes que cometem na organização da casa. Assim, passa a controlar a rotina do lar, substituindo a mãe em várias ocasiões. Fazendo notar sua independência quanto às autoridades e às regras educacionais, insiste em dizer que, quando erra, ele próprio se corrige.

Ângelo se opõe, na prática, a um anseio de família: o sucesso do filho (ou do pai) por meio de seu ingresso no Banco do Brasil. Além disso, distancia-se não só do gosto pelo esporte, mas de tudo aquilo que possa aproximá-lo do cotidiano paterno.

Considerado "atrasado" (antiquado) pelo pai, não se intimida em dizer que sua vida em família resume-se a cobrar coerência dos pais e da irmã, seja na rotina de vida ou na da casa, denunciando-os sempre que tem oportunidade. O mesmo comportamento se dá em relação à escola.

A ideia da conquista de um modo original de ser tem o sentido especial de evitar a imitação das autoridades, que, para ele, são os pais e as autoridades escolares e religiosas. Em resumo, diferencia-se deles. Em razão disso, Ângelo evita contatos sociais e privilegia a leitura, e sua única atividade de lazer é fazer passeios de ônibus circular. A mãe confirma essa informação. Nos passeios, que duram de quatro a cinco horas, "gosto de ir quieto, sem conversar, olhando a paisagem, contemplando o mundo".

Observe-se que tanto o passeio quanto as leituras configuram, segundo enfatizou, oportunidades privilegiadas na promoção de sensação de liberdade, de aventura e de novas experiências, enfim, de prazer.

A história de Ângelo desenha-se como um projeto da autovigilância constante, em que evita "erros, pecados", numa determinação de distanciar-se e de diferenciar-se de tudo isso, que se traduz até pela maneira de vestir-se. Tudo se passa como se o mundo tivesse um significado restrito à sujeira e, por isso, devesse ser neutralizado e controlado. Ângelo só gosta de cores neutras, de tecidos "que não amassam", porém, muito mais que gostar, sente-se obrigado a se vestir com rigorosa neutralidade.

Declara não ter disposição nem capacidade para vestir determinadas roupas, mas nega gostar de ser diferente e de "aparecer", como pensa seu pai. "Eu penso que quando uso determinada roupa, um 'jeans', todos ficam olhando. Então, eu fico no cantinho, com vergonha. Às vezes, eu fico pensando que ninguém está reparando, mas eu sinto que está." Ele se esforça ao máximo para não ser notado. Para isso, veste-se de forma muito diferente da de seus colegas, que "se uniformizam" de calça jeans e camiseta.

O mundo vai-se inflando de significados perigosos, tornando-se para Ângelo algo a ser evitado concretamente. Assim, sua vida vai se caracterizando por ser restrita, restringindo experiências.

Dedicado todo o tempo à busca de verdades, Ângelo ressalta sua avidez de justiça, "de deixar tudo a limpo sempre, sem dúvidas". Embora manifeste o gosto pelo diálogo e pela discussão, não suporta ideias diferentes das suas, mostrando verdadeira aversão por dúvidas e surpresas. Dessa maneira, ao discutir com a família, especialmente o pai, dá-lhes conselhos segundo aquilo "que aprendeu nos livros" (*sic*).

A insistência em afirmar-se independente, "corrigindo seus erros sozinho", surge como uma reação à maneira pela qual se organiza o espaço psicológico familiar em relação a ele. Repetidas vezes afirma ser totalmente dependente de seus familiares. Nessas vezes, sente-se tratado como um "incapacitado" e o medo dá o tom do relacionamento entre ele e a família.

O raciocínio apreendido da afirmação de que não tem medo – porque os pais "só prometem castigos" –, associado ao empenho em cuidar do cumprimento de normas e leis, leva-nos a crer que Ângelo nutre, em relação à família, um medo que se origina da materialização significativa da ameaça. Sua história, então, tende a revelar a construção de um filho exemplar, tanto quanto de um aluno e de um religioso exemplar. A exigência rígida quanto a horários, regras de moralidade na família e na escola, tornam-no intolerante por não admitir exceções.

Essa intolerância mostra como é submisso a regras e o quanto está identificado com elas. Segundo Ângelo, todo esforço que faz para "não errar na vida" é compensador porque, em troca disso, adquire a confiança das pessoas.

Desmedidamente esforçado em relação às exigências da escola, ele não se comunica com os colegas e não participa de qualquer atividade com jovens. Afirma sentir-se muito mal entre pessoas de sua idade. Em contrapartida, colabora em todos os serviços de secretaria e de cozinha do colégio e é o representante de classe escolhido pela direção da escola. O empenho em ajudar a secretaria é, segundo ele, oportunidade de inteirar-se das leis e também de assegurar-se de seu cumprimento.

Não aceita participar de nenhuma atividade grupal. Embora o trabalho individual configure-se como uma exceção no

A REBELDIA E AS TRAMAS DA DESOBEDIÊNCIA

projeto pedagógico dos cursos, ele conta com a compreensão dos professores, que, segundo ele, percebem que ele é diferente (leia-se superior aos colegas). Assim, além da originalidade, Ângelo nutre e reafirma a ideia de independência. Estuda *sempre* sozinho e repete literalmente os autores, sem críticas.

Na escola, ao contrário de seus colegas, a hora do intervalo é vivida com angústia. Permanece na cozinha da escola, conversando com a cozinheira, evitando sair ao pátio porque, como diz, a permanência com os jovens provoca-lhe muita insegurança e sensação de desproteção.

A convivência na igreja é outra face importante de sua vida. Tanto nas atividades religiosas de culto quanto nas de cursos, exige-se que os participantes sejam divididos em grupos por idade. Ele permanece sempre no grupo dos adultos, negando-se a estar com os jovens. Admite sua participação naqueles grupos somente em tarefas que possam diferenciá-lo por outros integrantes, especialmente naquelas em que usufrua alguma autoridade.

Tornou-se regente de coral, tarefa que aceitou somente até o dia em que, não podendo suportar um atraso de meia hora de sua colega, também regente, iniciou o ensaio sozinho, negando-se a continuar repartindo a direção. Esse acontecimento foi motivo de muita irritabilidade para Ângelo, que, não aceitando o pequeno atraso ou dividir tarefas de destaque, abandonou o coral.

A experiência de passar suas últimas férias em uma escola na cidade de São Paulo, onde tem uma tia professora, exemplifica sua determinação de munir-se de informações para decifrar qualquer deslize por parte das autoridades escolares. Utiliza seu tempo para colaborar nos serviços da secretaria e para pesquisar leis administrativas, atividades que avalia como muito valiosas porque "muitas vezes, a diretora de minha escola pode estar fora da lei e argumentar com os alunos, usando justificativas que ela diz serem legais, mas que não são. Caso a direção da escola esteja falhando, eu posso me pronunciar" (o que podemos ouvir como *denunciar*).

Reservando para si a condição de perfeito, Ângelo torna-se alvo de comentários jocosos. O que suscita estranheza certamente é faltar a alguém uma característica humana tão comum, como a convivência com certa flexibilidade às normas.

Tentando contrair ao máximo as manifestações afetivas, até o ponto em que possa exercer total controle sobre elas, o rosto de Ângelo artificializa o humano. Precisamente por tentar criar-se à imagem e semelhança de uma idealidade (um deus) que criou para si, atesta, por vias tortas, sua característica demasiadamente humana. Como criador e criatura de um ideal divino, nós o vemos estranhando-se diante de si mesmo, talvez sentindo-se flutuar num canto do céu reservado aos anjos iniciantes.

A flutuação entre se ver numa condição de idealidade e a mais vil humanidade pode ser observada, dentre tantas falas, na seguinte:

> De repente, eu me olhei no espelho e me senti muito moleque para ficar me pondo no lugar de inspetor de alunos ou de diretor da escola; então me perguntei: "você não acha que um moleque de 16 anos não deve ficar exercendo funções dos outros? E funções autoritárias?" É claro que eu gosto de ser assim, mas, raciocinando, eu não concordo com isso. O que eu gosto não combina com o que eu penso.

O FRACASSO DO CONHECIMENTO E A IDENTIDADE

A história de Ângelo desenha um movimento restrito a manifestações de humildade e arrogância. Ao mesmo tempo em que cultiva um elevado conceito sobre si mesmo, ele se revela uma pessoa extremamente submissa. Essa oscilação entre os extremos de submissão e domínio materializa-se em todas as relações, seja na família, na escola ou na vida social em geral.

O esforço por cumprir de maneira absoluta o que os pais e as autoridades sociais esperam dele, demonstrado pela obrigatoriedade de apresentar-se como uma pessoa exemplar, torna Ângelo um opositor dessas mesmas autoridades (os desentendimentos com o pai atestam uma oposição que nasce da necessidade de cobrar, dele, as incoerências).

Poderíamos dizer que um pseudoautoritarismo dos pais é internalizado por Ângelo e assim sua maneira de ser expressa a dimensão do domínio a que se vê submetido. Todos os aspectos de sua vida de relacionamentos revelam a maneira absoluta como foi internalizada a ordem para que seja diferente e original.

Com relação à família, é curioso notar como ele se opõe, na prática, a um anseio do pai, seja em relação à profissão, seja em relação ao emprego que o pai quer para ele. O cotidiano da casa é também espaço em que percebemos ocorrer o mesmo movimento entre os extremos da submissão e de domínio. Por submeter-se completamente à mãe, Ângelo passa a substitui-la em diversos momentos, tomando a frente na organização da casa, tanto em relação à estruturação material quanto na organização dos costumes familiares.

Toda a oposição que faz é apenas aparente, quer dizer, é consequência do exagero de obediência a uma ordem não manifesta. Apesar de descrever o pai como autoritário, ele supera esse autoritarismo tomando seu lugar na dominação. Desse modo, torna-se censor dos próprios pais, exigindo deles coerência e mais autoridade.

Na escola, o afastamento da convivência com os colegas é compensado pela ligação estreita com as autoridades. Podemos, então, vê-lo admitindo-se como o último na escala de poder (submisso) entre os funcionários (na qualidade de representante discente) para desfrutar de uma condição que lhe permite estar um mínimo acima dos colegas. Note-se que não é por dedicar-se à convivência com os estudantes que Ângelo participa de um cargo que, no mínimo, oferece--lhe oportunidade de experiência política e de cidadania. Ao contrário, ele sequer conversa com seus colegas. Embora concretamente não os represente em área alguma, não questiona sua aptidão para o exercício da tarefa.

Como representante de alunos, Ângelo pode estar com eles porque aí se sente diferente. Isto é, a aproximação com seus iguais só é possível de forma controlada, sempre sob alguma forma de domínio. Submetendo-se totalmente às regras da escola, passa, então, a usufruir de alguma condição de destaque.

Também na igreja vê-se impossibilitado de permanecer entre os colegas (seus iguais), a não ser quando desfruta de algum poder sobre eles. Lembremos que a tarefa de reger o coral atesta essa constante.

As atividades consideradas lazer são a própria contradição nos termos, pois dificilmente podemos vê-las como tal. Resumindo seu lazer a passeios diários de muitas horas em ônibus circular e à leitura de literatura fantástica, vemos que Ângelo busca assegurar-se do direito à solidão ou do convívio limitado por algum controle. Seria mais preciso afirmar que tudo se passa como se as experiências, exatamente por serem passivas, incitam a ações que podem ser vividas apenas em fantasia.

Por estar controlado por viagens circulares, num percurso predeterminado e, portanto, conduzido, pode sentir-se à vontade, com a "sensação de viver aventuras" (sic). Mas o sentido de aventura sugere que toda experiência emocional esteja limitada e controlada. Sua segurança nasce daí. Somente assim se permite permanecer com outras pessoas: como um estranho, numa situação que não lhe exige envolvimento. Experiências de aventura podem ser vividas desde que garantidas pela imobilidade física, seja no assento de um ônibus, seja no quarto fechado.

A sensação de liberdade parece consequência do domínio que pode ter sobre as diversas situações da vida. Como se, ao dominá-las (e por estar dominado por elas), ele estivesse, por meio delas, dominando a si mesmo.

A possibilidade de qualquer aventura está restrita à situação de absoluto controle, que impede qualquer realização concreta. Sentir-se livre num ônibus e sentir-se mal no pátio da escola são exemplos que, apesar de sua aparente contradição, guardam uma estreita relação entre si e revelam a articulação entre angústia e possibilidade de ação. Quando fisicamente livre para agir e cheio de possibilidades (como no pátio), ele é tomado por angústia.

A maneira pela qual faz referência à viagem realizada no circular, como se contemplasse o mundo de um plano mais alto, demonstra como a liberdade é representação que cresce num movimento inversamente proporcional às limitações.

De seu cotidiano, podemos apreender as especificidades da relação qualitativa entre submissão e domínio. Num processo de reversão qualitativa, verificamos que, pelo exagero da submissão, passa a dominar, e, pelo exagero das obediências, torna-se desobediente.

Tudo se passa como se Ângelo fugisse de seus próprios olhos. Quer neutralizar-se por meio das roupas que usa, do anônimo passeio de ônibus nos horários em que o sol já está se escondendo. Entretanto, o insucesso de seu intento é claro: quanto mais afirma que não quer ser notado, mais se mostra e faz-se notar. Por colocar-se como *último*, exageradamente identificado com a lei, passa a controlar, podendo tornar-se uma ameaça aos primeiros.

Aproximação e distanciamento, outra característica organizadora da relação de Ângelo com o mundo, expressam um movimento de circularidade emocional.

Em relação à convivência com a família, apreende-se que o valor atribuído a qualquer erro ou infração toma o valor de crime, e considerando que crime solicita castigo, vê-se obrigado a prevenir-se contra isso, obsessivamente. Dessa forma, seu empenho constitui em si mesmo um castigo, exatamente por transformar essa autovigilância constante em uma verdadeira tortura, antecipando a punição sob forma de sua expectativa, pois vivencia a pena antes de praticar qualquer crime. O domínio das situações garante-lhe a possibilidade de afastar-se delas.

Ao dizer que corrige seus erros sozinho, procurando sempre saber onde errou, e ao insistir na crítica aos pais quanto ao não cumprimento das ameaças de castigo, Ângelo confirma o que nega tão veementemente: medo excessivo de ser castigado e de errar.

O mesmo acontece na escola e na igreja: ele precisa manter todas as coisas sob seu controle para garantir-se distanciado do convívio ou, mais precisamente, daquilo que a convivência possa suscitar. Com essa reversão qualitativa, a circularidade compõe seu esquema de vida emocional. Saltos qualitativos entre submissão e domínio se articulam de maneira a imprimir uma característica de rigidez e repetitividade às expressões emocionais. Não suportando a mínima convivência com a dúvida, demonstra uma atitude compulsiva em relação à obediência, não se permitindo admitir qualquer exceção.

O convívio com toda forma de autoridade serve apenas como porto seguro para suas verdades e certezas, para garantir o afastamento de dúvidas. Vinculando-se a um ideal sempre inatingível, os relacionamentos com objetos e pessoas (o que não parece ser muito diferente para Ângelo) têm a especificidade de não serem espaço para inovações.

Seu percurso existencial desenha um roteiro circular, fechado em si mesmo, onde toda experiência neutraliza-se para servir apenas como um ensaio de confirmação. Ângelo quer ser professor. O saber está eleito como autoridade, mas ele deve-se ver, já, como professor e, como tal, viver sua realidade de aluno. Ressaltamos que em suas atividades de leitura, o livro – como instrumento de trânsito e de mudança – age no sentido de aprisionar o leitor/Ângelo em uma viagem na qual o percurso é determinado e limitado exclusivamente pelo autor. Ao final de cada leitura, que realiza evitando abrir demasiadamente os livros, e ao final de cada passeio de ônibus, a viagem se encerra em um círculo, onde ele encontra-se e reencontra-se com o mesmo, conduzido ao mesmo ponto de partida.

O desejo circular impõe-se e se disfarça sob um querer aventureiro. No ato de ler misturam-se autor e leitor, e na viagem da leitura tudo se passa como se ele fosse o próprio autor, extraindo daí uma representação de "superioridade".

O ato de ler interessa muito mais do que o conteúdo da leitura ao personagem vivido por Ângelo no papel de superior (autor/professor). Do ato de ler, vive a idealidade, mas retira dele também, por mais paradoxal que possa parecer, as armas contra a própria possibilidade de mudança. Isso se concretiza à medida que, limitado a memorizar o conteúdo oferecido e impedido de realizar qualquer crítica, ele repete teorias, leis, citações de autores especializados, visando provar, comprovar e assegurar sua própria perfeição (espelhada na dos autores).

Essa tentativa de provar e comprovar, no entanto, revela-se como o complicador central da representação do eu para Ângelo. É óbvio que ele vê-se impedido de experimentar qualquer condição de aprendiz. Vê-se proibido de experimentar-se como filho, como aluno e obrigado a viver a condição idealizada de pai ou professor que representam estados acabados de ser.

A autorrepresentação de Ângelo pode ser vista como um movimento de gangorra que, quando descendente, permite a visualização de si na altura ao mesmo tempo em que, no plano mais alto, pode contemplar a distância do chão (vendo--se inferior).

O movimento ambivalente entre superioridade e inferioridade dinamiza, em Ângelo, o que poderíamos denominar de "superioridade submissa", porque a autorrepresentação da perfeição é produzida pela maneira perfeita com que se submete a normas. A história dele suscita a sensação de estarmos diante de um relato de funcionamento de regras e normas em que estão ausentes os destinatários dessas mesmas normas. As leis são incorporadas por ele de modo a não mais haver, entre ele e essas mesmas leis, qualquer diferença. Ele é a lei em si e para si.

No entanto, toda lei comporta o que se pode denominar "grau S de liberdade", sendo isso que a viabiliza como lei. Sua aplicação nas produções sociais conta com o mesmo movimento. A religião considera que é preciso ser pecador para que se possa alcançar a perfeição e beatitude. Por meio de pecados perdoados (ou, no dizer de Herrmann, 1985, infrações corrigidas), tenta-se trilhar o caminho da perfeição num projeto de aproximar-se do cumprimento da vontade de Deus.

Também da escola espera-se certa conformação dos indivíduos. Para tanto, ela exige uma resistência a ser vencida: exige uma condição de não saber. Trata-se, aqui, de projetos de moralização veiculados pelas instâncias socializadoras, que proporcionarão a criação do eu pela adesão a enunciados identificatórios. Assim, pode-se compreender a moralidade e a identidade como projetos que aspiram a uma idealidade.

Os processos de identificação são meios eficazes de atestar influências sociais sobre os indivíduos (Oliveira, 1984).

Vimos que, ao representar-se perfeito, não almeja ser melhor estudante, pois já é estudante mais que perfeito. Não almeja também ser melhor do que é como filho, tampouco há como ser melhor religioso, pois não se afasta minimamente das normas da igreja. Mais que aspirar ao absoluto, Ângelo parece viver o absoluto, ou melhor, ele é o próprio absoluto.

A autorrepresentação é, para ele, um conflito permanente, pois, para mantê-la, é preciso que neutralize as influências do mundo. Por isso evita o contato, e a percepção da liberdade toma contornos muito particulares, surgindo, como já expusemos, em consequência de situações de prisão. Nessa dinâmica, a autonomia aparece como um dos emblemas da identidade de Ângelo, mostrando-se tão propagandística quanto frágil e, por essa mesma razão, impõe sua presença como uma constante. Exatamente pela desconfiança de condição de perfeição com a qual está identificado, ele se vê, ao mesmo tempo, muito inferior, obrigado a comprovar a idealidade com a qual se autorrepresenta para garanti-la.

Como a condição de liberdade nasce em consequência do reconhecimento da condição de dependência, sua autonomia, bem como sua originalidade, expressam-se como exemplos da mais completa submissão. O máximo de autonomia no máximo da dependência.

As opções de lazer podem ser consideradas exemplos de materialização de tais significações, especialmente quando, no passeio de ônibus, usufrui a sensação de liberdade, por estar livre para não optar. Se a noção de identidade refere-se à unidade de representações diversas, à possibilidade de alguém se ver como um, apesar dos muitos que é, a história de Ângelo representa um conflito identitário, uma vez que a unidade representacional só é possível à custa da inflexibilidade e da mesmidade de ações e emoções.

Para que a tentativa de manutenção de uma identidade superior tenha sucesso, ele é obrigado a repetições incessantes e, evidentemente, malsucedidas. Daí podermos falar num desejo circular, que, numa de suas faces, surge pela tentativa de atribuir ao mundo uma rigidez que não lhe é própria. Porém, como o viver tende a desmentir essa ilusão, toda experiência nova, para Ângelo, tem a marca de uma ameaça à sua autorrepresentação. Em vista disso, deve exercer um intenso controle sobre a realidade, a fim de evitar que qualquer situação possa, num toque de mágica, promover sensações de completo desequilíbrio emocional. A angústia serve, assim, de forma perfeita para assinalar o perigo iminente.

Nesse movimento de evitação de desequilíbrio, coloca-se acima de qualquer norma, representando a encarnação absoluta das leis. Razão pela qual todo cumprimento da lei ainda carece de perfeição, o que o leva a surpreender-se com sua aparência artificial, objeto de chacotas dos colegas, que só podem enxergá-lo como regra ambulante, sem corpo. Não podem vê-lo como gente.

Obedecendo mais do que as autoridades sabem mandar, ele se torna um grande opositor de tudo, desobedecendo a muito do que se espera dele, movendo-se circularmente entre desobediências e obediências extremas.

A dinâmica emocional de Ângelo destaca-se como excesso de zelo. Zelo no cumprimento de leis e ordens, zelo para não ser notado, zelo na vida de relação, zelo para evitar emoções e ideias novas e diversas. O excessivo aqui tem caráter de evitação obsessiva, quase fóbica, e força de teor compulsivo à qual deve submeter-se involuntariamente.

Ao mencionarmos a manutenção da identidade, demonstramos que a representação de identidade só é possível, para ele, como consequência de uma superioridade submissa. Isto é, uma submissão extremada, que, por essa razão, resulta numa condição de superioridade em todos os níveis. O binômio exagero da obediência/submissão que, num movimento circular, produz o domínio, remete-nos ao mundo de um funcionamento mental obsessivo.

Ele obedece a um esquema em que a impossibilidade de submeter-se conduz à desobediência, e a evitação de castigo produz o próprio sofrimento e castigo. A rebeldia é, antes de tudo, rebeldia contra as próprias tendências.

Se retornarmos à descrição que fizemos de Ângelo como um autônomo, isto é, aquele que se autonomeia, autodetermina, vemos a origem de seu sofrimento e de sua solidão. Ele não se permite sequer desfrutar do privilégio dos mortais, que é o de ser castigado e absolvido pelas autoridades sociais. Em consequência de uma absorção completa da autoridade, ele é escravo de si mesmo, de seu superego. Sua liberdade é a liberdade que nasce do ato de escravizar-se.

Freud (1968d; 1968e; 1968f; 1968g), assim como outros autores, descreveu que o obsessivo está regredido à fase anal da organização da libido e o conflito básico que apresenta refere-se à ambivalência de sentimentos e à bissexualidade. Mostrou que um desequilíbrio entre dar e tomar e a renúncia ao prazer por medo e amor ao objeto, estando sempre em guarda contra tendências anais inconscientes, misturadas à hostilidade. Os traços da personalidade obsessiva são, em parte, formação reativa contra as atividades erótico-anais e, em parte, sublimação destas. Ou seja, são formações de compromisso entre duas tendências: uma de resistência, que o impulso oferece às exigências ambientais, e outra de obediência a estas exigências.

Mais esclarecedor é o texto do próprio Freud (1968d, p.1052), quando diz:

Há sempre a repressão de um impulso instintual (um componente do instinto sexual) presente na constituição do sujeito e que pôde expressar-se durante algum tempo em sua infância, sucumbindo posteriormente à repressão. No decurso da repressão do instinto cria-se uma consciência especial dirigida contra os objetivos do instinto; essa formação reativa psíquica, porém, sente-se insegura e constantemente ameaçada pelo instinto emboscado no inconsciente. A influência do instinto reprimido é sentida como uma tentação e durante o próprio processo de repressão gera-se a ansiedade que adquire controle sobre o futuro, sob a forma de ansiedade expectante. O processo de repressão que acarreta a neurose obsessiva deve ser considerado como um processo que só obtém êxito parcial, estando constantemente sob a ameaça de um fracasso. Ele se expressa num conflito interminável; reiterados esforços psíquicos são necessários para contrabalançar a pressão constante do instinto. Assim, os atos cerimoniais e obsessivos surgem em parte como uma proteção contra a tentação e, em parte, como proteção contra o mal esperado. Essas medidas de proteção logo parecem tornar-se insuficientes contra a tentação, surgindo então as proibições, cuja finalidade é manter a distância as situações que podem originar as tentações. As proibições substituem os atos obsessivos assim como uma fobia evita um ataque histérico. Assim, um cerimonial é um conjunto de condições que devem ser preenchidas para que seja permitida alguma coisa ainda não de todo proibida, da mesma forma que uma cerimônia matrimonial da igreja significa para o crente uma permissão para desfrutar os prazeres sexuais, que de outra maneira seriam pecaminosos.

O obsessivo, portanto, está ameaçado pela rebeldia das exigências sensuais e hostis e só se sente salvo quando se comporta de maneira extremamente ordenada (ver também Freud, 1968a; 1968b; 1968c).

A valorização da autoridade interna, muito mais do que da autoridade social, é o que nos exibe a dinâmica da personalidade de Ângelo. Definimo-lo como autônomo porque ele é a lei de si mesmo encarnando; não um conjunto de leis, mas a lei de forma absoluta. Essa encarnação máxima da lei faz erigir um superego que se torna sádico. A rebeldia se expressa, antes de tudo, por meio da desarmonia entre instâncias psíquicas, como id *versus* superego, e entre prazer e realidade, de tal modo que o prazer, capturado pelo superego, passa a vincular-se ao castigo e ao sofrimento.

Nesse sentido, podemos afirmar, então, que o obsessivo está impedido de expressar rebeldia, porque, ao fazê-lo, corre o risco de incorrer em excessos que caracterizariam extrema rebeldia. Por isso mesmo é preciso cuidado e evitação.

O texto de Freud esclarece-nos que a relação entre rebeldia e obediência materializa uma dinâmica de ambivalência e que o sintoma neurótico expressa o compromisso das duas forças. O ego, ao se rebelar contra as exigências superegoicas, o faz sob a forma de desobediências extremas e, quando se dispõe a combater impulsos prazerosos, precisa de sistemas e regras (superego) (Freud, 1968c).

Para defesa do superego sádico, o ego pode usar tanto a rebeldia contrassádica quanto a submissão, ou ambas. Isto é, necessidades sensuais estão travestidas de perigo e punição, assim como a hostilidade está presente nas atitudes que proporcionariam prazer. Observemos que é preciso que o obsessivo defenda-se tanto da agressividade quanto do prazer, num círculo vicioso e ambivalente.

Essas considerações podem ser ilustradas na história de Ângelo. Em primeiro lugar, os temores sociais: medo de espaços abertos e o uso de roupas discretas (entenda-se fora de moda) para não ser notado. O medo, aqui, torna-se uma obsessão, e o ato que pretende afastar o perigo acaba por antecipá-lo. Isto se comprova quando atenção e cuidados constantes para não ser notado, para não se expor, provocam uma notoriedade excepcional.

Por outro lado, o medo das tendências hostis é uma constante, materializando-se tanto no discurso, quanto nas emoções. Seu discurso é permeado por afirmações como "eu gosto de pôr tudo a limpo", "eu tomo cuidado para não errar", "eu estou sempre certo", "não gosto de ofender ninguém", "quando erro, logo me corrijo", "as autoridades não castigam como deveriam" etc.

O excessivo zelo pela conduta mais correta exibe a necessidade de zelar por sua própria autoestima, cuidando para evitar fazer qualquer "sujeira com outras pessoas". Mas a rebeldia manifesta-se sob forma de obstinação, um tipo passivo de agressividade caracterizada e descrita por Freud (1968d, 1968e, 1968f) como uma maneira de elaboração da rebeldia contra as exigências ambientais.

Vimos que Ângelo julga-se um ser perfeito; dedica-se muito além do que lhe seria exigido por qualquer autoridade. É muito difícil, para não dizer impossível, que mude suas ideias a despeito de alguém ou mesmo de qualquer argumento. Mostra-se um obstinado. Obstinação, entretanto, que exibe uma relação de compromisso entre obediência e rebeldia às exigências do ambiente social. Vemos que sua obstinação em fazer valer suas ideias e opções e sua excessiva obediência às ordens constroem um todo homogêneo a serviço da elevação e manutenção de sua autoestima. São usadas ordem e teimosia para garantir-lhe superioridade moral.

Aqui, ainda uma vez, temos presente o esquema submissão e domínio, que apontamos como um aspecto fundamental do esquema emocional dele. Para sentir-se o melhor, é preciso submeter-se excessivamente a ordens. E contestar só é possível por teimosia, *não saindo do lugar, batendo repetidamente nas mesmas teclas*. Ou seja, rebeldia só existe como consequência da extrema submissão e inflexibilidade.

Ângelo ordena o mundo de forma intensa, mas projeta nele uma ordenação que não lhe é própria. A maneira de usar o tempo, não admitindo atrasos, os livros que evita abrir em demasia, o modo de se apegar a ideias e, especialmente, a forma de introjetar um pseudoautoritarismo das autoridades, tornam-no uma pessoa diferente, expressando uma representação inflexível e rígida da realidade.

A REBELDIA E AS TRAMAS DA DESOBEDIÊNCIA

Lembremos aqui que, ao desobedecer aos anseios do pai – cursando o magistério em vez de trabalhar no Banco do Brasil –, está obedecendo maximamente a uma ordem implícita do pai, a de que seja diferente, e, por isso mesmo, passa a desobedecê-lo, numa amplitude que resulta em surpresa para a própria família. Afirmamos que Ângelo introjeta um pseudoautoritarismo porque acusa o pai de autoritário, mas via de regra não cumpre as exigências feitas por este. Ao contrário, é um filho que critica o pai em todo e mínimo desvio de um ideal congelado de comportamento social. Critica o pai por falar em tom alto, conversar enquanto come, não se comportar de maneira convencional à mesa, usar *jeans* tendo a idade que tem etc. Outra característica notável em suas condutas diz respeito ao lazer, ao trabalho e aos relacionamentos.

Vimos que, para ele, a ordem é condição *sine qua non* de seu equilíbrio emocional. Assim como seu quarto, sua estante de livros e sua casa devem estar sempre em perfeita disposição; da mesma forma as ideias devem seguir uma ordem semelhante, jamais sendo alteradas. Assim, quando ele afirma "não tenho disposição nem capacidade para usar determinadas roupas", podemos asseverar que lhe falta capacidade para desfrutar minimamente de alguma desordem. O domínio sobre a ordem do mundo e sobre a realidade (como se fosse possível) visa a garantir uma perda súbita de controle. E a ordenação externa garante a representação de equilíbrio e de identidade.

Se não superarmos a lógica da consciência, certamente parecerá paradoxal e absurdo que alguém seja tomado de uma ansiedade violenta ao frequentar o pátio de sua escola, sentindo-se vigiado, perseguido, aprisionado, ao mesmo tempo em que sente prazer ou gosto de liberdade dentro de um ônibus circular, fechado, em companhia de desconhecidos e conduzido a caminhos que independem de sua própria vontade (Freud, 1968a; 1968b; 1968c). Mas a questão está justamente aí: liberdade de representar o mundo das possibilidades significa perigo, ameaça; ao passo que prisão se traduz por segurança e tranquilidade.

Representação de identidade e liberdade cruzam-se exatamente neste ponto. Segurança é sinônimo de evitação de tudo aquilo que possa proporcionar emoção, opção; e Ângelo refugia-se nas certezas, só podendo representar sua identidade por meio de um mundo completamente ordenado, onde não possa haver lugar para o inesperado ou para incertezas. Conforme já observamos, castigo e prazer estão numa relação ambivalente de completo vínculo.

Para o obsessivo, não há fronteira nítida entre punição e atividade criativa, característica que vemos muito acentuada em Ângelo. A necessidade de punição subordina-se à necessidade de perdão, isto é, o castigo é profilático. Tudo se passa como se fosse preciso acumular saldo positivo contra infrações imaginárias; todavia, é preciso pagá-las antes mesmo que aconteçam.

Dessa relação entre a sensação de liberdade ou de prisão e a representação de identidade pode-se extrair, como matéria-prima fundamental, a proibição da emoção associada à rigidez da sua relação com normas e ordens (impossibilidade de desobedecer). Assim, uma característica que devemos ressaltar na dinâmica da personalidade dele é a qualidade congelada de sua identidade, ou seja, uma identidade exclusiva.

Vimos que sua vida se baseia no cuidado e na evitação. Manifesta escrúpulos de toda espécie a fim de evitar emoções censuráveis, de modo que estes escrúpulos se expressem mediante a fuga das emoções e, por consequência, fuga das ações. As ações são tolhidas, dando lugar à introversão, ou seja, à criação de um mundo mágico. Pensamento e fala tornam-se substitutos da emoção e Ângelo passa a depender daquilo que pensa, de forma obsessiva. O pensamento torna-se poderoso e impositivo, deixando de estar à mercê das modificações do controle do mundo para exercer controle sobre o eu.

Freud (1968d) descreveu a submissão dos obsessivos ao poder mágico de seus pensamentos, comparando o cerimonial religioso ao cerimonial obsessivo. Para ele, os obsessivos são pessoas que desenvolvem uma *compulsão a pensar* como um mecanismo que objetiva a fuga de emoções e ações para o mundo de conceitos e palavras. Essa compulsão faz com o obsessivo, antecipando a importância do futuro, não consiga viver o presente, porque a posteridade passa a ser vivida sempre como atualidade. Os preparativos para uma ação tornam-se tão exagerados que impedem sua concretização. A busca da perfeição, o cuidado contra erros, faz que o obsessivo adie suas tarefas ou decisões.

Vimos Ângelo impedido de viver como aluno ou jovem comum por viver como professor ou autoridade substituta, isto é, impedido de viver o presente. Em outras palavras, a idealidade a ser alcançada em qualquer área da vida deve ser vivida no presente, sem possibilidade de desvios ou preparação. O problema e o sofrimento do obsessivo estão justamente nesta impossibilidade. Poderíamos dizer que a vivência da temporalidade, pelo neurótico, revela como está impedida a presença do cotidiano.

A partir desses exemplos, pode-se pensar que o processo de representação da identidade obsessiva é mantido pela rigidez de autorrepresentação.

O medo de inovações passa a ser submetido ao poder do pensamento, utilizado de maneira a tipificar o mundo. Separando as pessoas em certas e erradas, boas e más, o obsessivo justifica suas ideias respeitando sempre uma lógica profundamente racional. O mundo deve ajustar-se ao seu sistema, isto é, a realidade é tão somente projeção do seu julgamento, utilizado como mecanismo de restrição e, assim, de perversão dessa mesma realidade.

A perversão que faz da realidade denuncia, no obsessivo, seu conflito de identidade. Isto porque sua representação identitária (ser perfeito) lhe é dada apenas por certezas ou por representações do mundo externo concreto (vide os rituais compulsivos) ou ainda por avaliações das autoridades. É preciso que o obsessivo imponha grande poder à realidade para que possa representar-se por meio de representações concretas.

Dessa maneira, vemos Ângelo neutralizar a realidade, tornando-a projeção de sua própria rigidez. E essa rigidez revela sua fragilidade identitária. Porque a realidade não é inflexível nem rígida, mas, ao contrário, sua dinâmica permite várias alternativas de relação com normas e regras, toda experiência nova passa a ser ameaçadora. Para ele é impossível admitir-se diferente de como ele se imagina porque sua identidade, como já descrevemos, é mantida justamente às custas da rigidez de autorrepresentação.

Para resolver esse descompasso entre a crença numa identidade exclusiva e a realidade, o mundo tem de ser apenas aquilo que ele idealiza e mantido sob intenso controle de suas ideias. O perigo é grande porque qualquer situação pode funcionar como um toque mágico e promover a sensação de completo desequilíbrio emocional. Como o mundo é criado tanto por regras como por exceções, desvios, pecados e por uma combinatória disso tudo, Ângelo precisa neutralizá-lo para garantir a manutenção de uma identidade exclusiva. Todavia, mais do que evitá-lo, impõe-se que viva acima dele, que o contemple numa condição de superioridade, acima de todo bem e de todo mal, acima de qualquer lei, portanto. Se a noção de identidade refere-se à unidade de representações diversas, à possibilidade de alguém se ver *um* apesar dos muitos que é, a organização emocional de Ângelo é representativa de um sério conflito identitário porque, às custas da inflexibilidade e mesmidade de suas ações e emoções, pode se ver um, o mesmo.

Julgamos que a personalidade dele expressa, de maneira exemplar, a dinâmica da neurose obsessivo-compulsiva. Impedido de desobedecer e ao colocar-se acima do cumprimento de qualquer lei, termina por desobedecer de maneira extremada, porque passa a denunciar o mínimo desvio em relação ao cumprimento de qualquer norma. Assim, o binômio submissão/domínio configura uma maneira obsessiva de organizar e elaborar seu mundo.

Vimos que a exclusão e o exílio da insubmissão e os desvios da ordem reproduzem a rebeldia, fortalecem-se e a tornam sedutora.

Tratamos até aqui de ressaltar o sentido que tomam a rebeldia e a obediência na constituição da identidade de Ângelo. Vimos que a rebeldia toma forma de obediência absoluta, o que revela um processo patológico de manutenção de identidade. Em seguida aproximamos conhecimentos teóricos sobre as neuroses obsessivas do seu funcionamento psíquico. Observemos um pouco mais como se constrói a autorrepresentatividade nele, mais precisamente a relação entre representação de identidade e de realidade e a manutenção da crença.

Podemos supor a existência de uma tensão, uma desarmonia na organização das instâncias psíquicas, que faz que elas excedam suas funções e percam suas qualidades fundamentais de promover uma elaboração harmoniosa entre o sujeito e seu mundo.

Parte da identidade de Ângelo é projetada para fora e o mundo externo, material social investido da função de produtor e mantenedor de identidade, não pode sofrer alteração. O vislumbre de qualquer alteração, que promove oscilação das referências identificatórias, suscita o surgimento de profunda angústia porque impõe a experiência da representatividade em forma extensa, isto é, a experimentação do diverso, da variedade.

Pode-se dizer que a cisão ou divisão psíquica faz que a parte da identidade não projetada esteja constantemente zelando e certificando-se da imutabilidade do mundo externo, na busca de identidade de representações. Mas como a projeção da identidade idealizada não lhe garante a manutenção de representatividade, a outra parte se recolhe num núcleo de olhar crítico, onipotente, tomando a si mesmo como realidade desprezível. A suspeita de não ser a idealidade impõe o cuidado de provar o tempo todo que é o que não é, numa tentativa de corrigir o descompasso. Por isso, a dúvida de Ângelo aparece como o seu inferno existencial. Tudo o que sabe de si e do mundo configura-se objeto de dúvida. Assim se expressa o seu eu, tão superior quanto inferior, tão perfeito quanto imperfeito, submerso numa onipresente angústia de identificação (Freud, 1968e; 1968g; 1968h).

Um grande olho que zela todo o tempo, sob forma de prazer capturado pelo superego – um superolho, supereu – seria o eu de Ângelo; o eu que integra busca de prazer e castigo.

O gosto pelo *passeio anular,* isto é, o gosto pelo passeio do olhar e do pensamento, em oposição à imobilidade corporal, atesta essa relação entre sensação de controle e sua relação e representação de identidade e liberdade, já descritas por nós. Um olhar que busca a confirmação da identidade ou a recuperação da identidade projetada. Ele precisa de representações concretas e sólidas de sua recusa contra tentações.

Dessa maneira, a manutenção da identidade representacional depende da realidade. Para ter a certeza de que é honesto, vê-se obrigado a vestir-se de maneira extremamente discreta. A roupa (uma veste do desejo) representa uma camisa de força contra a invasão de sentimentos sexuais ou uma representação concreta, sólida, de sua recusa contra tentações. Na verdade, poderíamos dizer que Ângelo é honesto porque se veste discretamente, é aluno perfeito, pois é como (ou mais que) o professor. Ele constrói-se idêntico a uma idealidade, daí sua expressão caricatural, a de um adolescente que se assemelha a um velho ditando normas, aconselhando experiências etc.

A autorrepresentação, em Ângelo, ilustra a crença suspeita, tal como descrita por Herrmann (1991a; 1991b) nas manifestações clínicas da crença. O movimento de construção da subjetividade mostra a circularidade e a reversão qualitativa operando como integrantes do sistema defensivo dessa modalidade suspeita de crença. Isto quer dizer que as autorrepresentações dele expressam constantemente as bases de contradição sobre as quais estão fundadas: revelam uma base falsa.

Conforme exemplificamos, a evitação obsessiva da surpresa constata o empenho de superpor realidade e identidade e aparece como o nó essencial de sua problemática identitária. Ao se identificar com o papel de professor, como aluno, e com o autor de livros, como leitor, fica impossibilitado de acumular experiências de formação e de aprendizagem, no âmbito moral ou intelectual, incapacitado para o conhecimento.

Ângelo representa-se apronto, reconhece-se e precisa assegurar-se de sua representação, obsessiva e compulsivamente.

A criatividade é o grande traço negativo e furtado de sua personalidade, por ser o mundo do diverso e do possível, que não tem acesso às proibições de todas as espécies, as quais funcionam como protetoras da identidade.

O projeto educacional implica correção, ajuste, transformação, desenvolvimento e formação e por isso mesmo exige uma resistência a ser vencida. Ângelo, por ser exemplar, não apresenta resistência alguma, pelo menos ao mandamento explícito da escola que deseja formar "bons" estudantes. Obedecendo excessivamente a todas as normas pedagógicas e disciplinares, Ângelo torna o projeto normalizador da escola esvaziado de sentido porque neutraliza sua ação corretiva e transformadora.

Observemos que, para a psicanálise, a recusa e a negação ao valor de mudança são os mecanismos defensivos essenciais à produção da neurose e da psicose. No cerne dessas produções psicopatológicas encontramos as fixações, que são definidas por Laplanche e Pontalis (1967, p.251) como "modos de inscrição de certos conteúdos representativos (experiências, imagos e fantasmas) que persistem de forma inalterada e aos quais a pulsão permanece ligada".

A importância das fixações reside, portanto, nas características de restrição e de conservadorismo dos movimentos de produção da subjetividade e o resultado dessa restrição abre caminho para a construção patológica de identidade. No caso do neurótico, seu equilíbrio emocional sustenta-se na fantasia regressiva e no registro de fixação de modo que impõe à organização emocional do conservadorismo de esquemas defensivos e de representação.

O universo de proibição vivido por Ângelo, tão extremo e sólido, revela a dúvida primordial em que se sustém. Ele duvida das recusas e por isso mesmo empenha-se em provar o contrário, da forma mais concreta possível. O problema é que a concretude das representações não alcança eficientemente o objetivo desejado. Embora livros, roupas e *a circularidade dos passeios* estejam investidos de significados secretos, são tão somente livros e roupas, e por isso é preciso que ele se assegure de suas representações psíquicas.

Eis o foco central do processo patológico de manutenção de identidade. Rebelde em relação à pulsão e rebelde em relação à repressão. Expressão de desarmonia entre rebeldias. Como já observamos, a patologia se expressa no campo das representações, fazendo ressaltar a operação de um sistema defensivo, que acaba por revelar representações identitárias enganosas e também duvidosas. Um exemplo da fala de Ângelo poderá ilustrar melhor nossa afirmação:

> Eu não tenho disposição e capacidade para vestir determinadas roupas, não sei por quê. Eu não me sinto bem. Eu não me sinto bem de *jeans* no meio de professores. Então, quando meu pai me vê de calça *jeans*, ele já sabe onde eu vou e onde não vou. Ele acha que eu gosto de aparecer, de ser diferente, mas essa não é a verdade. Eu penso que, quando uso determinada roupa, todo mundo fica olhando para mim, me medindo e dizendo: "Olha, ele está com determinada roupa". Então, eu fico no cantinho, com vergonha. Às vezes, eu fico pensando que ninguém está reparando, mas eu sinto que está.

Impossibilitado de representar-se de modo produtivo, o desejo de Ângelo exibe formas fixas de representação, que, contraídas num certo registro temporal, fazem dele reacionário em seu tempo e em relação à sua história. Assim, rebelde, embora aluno modelo e disciplinado pela rigidez que impõe a si e ao mundo, vive uma condição de senhor e escravo de si mesmo sob uma liberdade que cresce no solo da escravidão e impede o conhecimento como experiência gerada com *um outro*, num vínculo intersubjetivo. O fracasso na experiência de conhecer está diretamente ligado à impossibilidade de vivenciar frustrações (Rezende, 2000). Mas como aprender se não se pode experimentar o novo e, com ele, a condição de não saber?

Como análise microscópica da história de Ângelo, o presente estudo pretende-se uma pequena contribuição para a reflexão sobre: a intersubjetividade na constituição do sujeito; a urgência da modificação e/ou ampliação das concepções mais correntes de avaliação educacional, fundamentando-as; os critérios utilizados no encaminhamento de alunos ao atendimento psicológico ou pedagógico; a natureza do conhecimento e da aprendizagem e sua implicação significativa na construção do sujeito; o caráter reducionista da consciência e da atividade racional; a inter-relação significativa entre a função de conhecimento e dinamismo psíquico ou da relação entre conhecimento e experiência emocional.

Este trabalho ilustra, ainda, uma avaliação escolar que se limita ao emprego de critérios disciplinares e de absorção de informações, declinando outros, baseados em uma aprendizagem mais expressiva e criativa para o sujeito, que se traduziriam em *amor pelo conhecimento*.

Conclusão

No momento em que foi realizada, nossa pesquisa, ainda que involuntariamente, atendeu a uma determinação histórico-social. Mesmo que prevalecesse a ideia de rebeldia excludente (a rebeldia com o intuito de substituir a ordem estabelecida por algo novo), o que se constatou é que rebeldia e obediência combinam-se na formação da identidade. A rebeldia é um aspecto da condição do ser obediente e o processo de construção da identidade exige combinações entre rebeldia e obediência, que buscam o encobrimento de contradições.

As análises realizadas permitiram exibir a multiplicidade de sentidos de condutas opositoras, ou rebeldes, e obedientes, que resultaram em questionamento das noções estereotipadas dominantes e da ilusão da homogeneidade de sentidos atribuída a condutas da juventude. Abre-se a oportunidade de ampliar e redimensionar crenças acerca do sentido da conduta do jovem.

Por intermédio das histórias que apresentamos, pôde-se constatar que a rebeldia induzida é criada para, paradoxalmente, estabelecer o conformismo.

Outra possibilidade é a do leitor se aperceber da redução a que estão submetidas as concepções mais correntes sobre as condutas opositoras do jovem, principalmente aquelas que atribuem um sentido exclusivo de contrapor-se ao estabelecido. Rebeldia traduz-se por experimento de identidade no universo das significações, e não característica definidora de uma fase do desenvolvimento.

A luta pela instituição e manutenção da identidade de "bom jeito" talvez seja a função mais difícil, mas essencial, da experiência educativa e, certamente, marca distintiva de sua vocação transformadora.

O ponto de partida de nosso estudo foi tomar a rebeldia como integrante do processo de construção da identidade acerca da sujeição ao projeto educacional e buscar apreender suas vicissitudes e possibilidades de configuração nesse processo.

Tomamos a representação como defesa à fusão com o mundo. As noções de tempo e história integram-se nesse processo e o desejo é tomado como uma "estrutura que, apesar de estável, está em constante criação histórica", manifestando-se, portanto, na criação do sujeito e de sua realidade. Assim, a representação cria o eu e o mundo, de tal forma que a noção de realidade *é* tomada por nós como aquilo que corresponde externamente à realidade internalizada.

Nas análises dos relatos de adolescentes pode-se constatar que os processos de representação de uma identidade expressam equações entre um núcleo de ordens e seus desvios e pudemos observar que não há eficácia na obediência, salvo exceções.

A unidade autorrepresentacional se faz a partir de uma harmonia entre representações *e* os processos psicopatológicos relacionam-se a desarmonias entre representações de identidade e de realidade.

A adolescência foi tomada como momento privilegiado para o estudo da problematização da identidade por ser um período de especiais oscilações e transformações identificatórias e como um dos momentos de transição mais importantes da vida humana.

Embora não seja nossa intenção tecer amplas generalizações, ressaltando o fato de que os jovens representam um determinado grupo social, vivendo num espaço e num tempo comuns, pensamos que, como seres humanos que vivem numa mesma cultura, partilham da experiência de problematização da identidade. Os jovens analisados não deixam de reapresentar a família, a sociedade e a cultura como elementos formadores de subjetividade. Cada um, a seu modo, comprova a desorientação social. Lembremos que, sob esse ponto de vista, Ângelo é um exemplo de denúncia da "falta de orientação" dos pais, da escola, e como diz ele, dos adultos e das autoridades em geral.

Há pelo menos duas décadas tem sido observada com frequência, por profissionais de nosso meio, certa tendência da juventude em recuperar condutas e valores abandonados por seus pais. A inconsistência dos valores instituídos parece impelir o sujeito a experiências de constantes rupturas, em que uma possibilidade é reencontrar, no passado, a segurança de uma unidade.

A institucionalização da violência, em todos os níveis, numa dimensão que promove a quebra do pacto social, a falência generalizada do cumprimento dos valores morais impele à necessidade do apego a símbolos de força e magia, na política, na religião e na vida social.

Em relação à cultura, nossas análises sugerem a reflexão de que, quanto mais caótico o estágio vivido, mais ela gerará um estado de descentralização pessoal. A impossibilidade de uma sociedade oferecer-se como fonte estável de esperança e satisfação pessoal por meio de suas instituições impele à recuperação de uma condição psíquica que se abdicou em favor de promessas e gratificações. A unidade necessária às representações do eu, assaltada por estados *esquecidos* do desenvolvimento psíquico, torna-se vulnerável e a rebeldia expressa-se por onipotência, inveja, individualismo, violência generalizada e formas narcisistas e, por isso, anárquicas de convivência social. A rebeldia aparece sempre que se supõe coerência, unidade e idealidade. Tal como afirma Herrmann (1985), a harmonização de rebeldias e dos conflitos constitui a própria definição de moralidade.

A harmonização criadora, o trajeto que vai do conflito até o mundo que de sua resolução nasce e se estabiliza, consiste no processo de familiarização em que a rotina fabrica a realidade vencendo resistências supostas. O conflito é necessário à moral para que construa a realidade. Ao dividir mundo e desejo, já se supõe a contradição entre ambos, faz-se que lutem e que da luta surja uma harmonia dominadora, a normalidade. Anormalidades ficam pois admitidas a título de exceções que provem a regra, testemunhos da resistência que se houve de vencer. A neurose, em especial, dá provas do precário estado de equilíbrio conseguido, e sua explicação não oferece maior dificuldade: rebeldia, submissão exagerada, formas especiais de resolver a disputa (Herrmann, 1985, p.259).

Da maneira como a rebeldia se integra ao processo de representação da identidade e de realidade, e como se harmonizam essas representações, é que se falou em processo patológico de identidade. Neste caso, pode-se falar em desorganização da vida emocional.

Se a multiplicidade é um fato da subjetividade, ao mesmo tempo o processo que cria o indivíduo psicológico como unidade indivisível requer superação da multiplicidade.

O caráter processual dessa travessia pressupõe que a multiplicidade é condição de onde nasce a consciência. A eficiência positiva da multiplicidade impõe criação: questionamento, inquietação e evita a alienação.

Além disso, o tempo como instrumento e dimensão de mudança destaca-se como dificuldade central na produção da identidade dos neuróticos. Para alguns, o tempo não pode passar: resistem a mudanças; para outros, a vivência de sua passagem indica a própria alienação, como se o tempo fosse instância naturalmente inimiga da vida. Carregados com o tempo como se fossem conduzidos por nuvens de vento, alienam-se.

Pudemos verificar que o permanente processo de construção de uma identidade expressa-se em proporção inversa à inflexibilidade da representação de mesmidade. Isto é, a exclusividade de uma autorrepresentação implode o processo de criação, imprescindível a um sentimento forte de identidade. Assim, podemos concluir que o sentimento de mesmidade, essencial à autorrepresentação, torna-se ao mesmo tempo incompatível com a criação do humano, à medida que renega o criar-se no mundo das possibilidades.

Esperamos ter oferecido aos leitores não um discurso científico, mas uma experiência com a operação interpretativa com o objetivo de contribuir para que se aprecie o caráter intersubjetivo da educação e a redução a que estão submetidas nossas crenças e concepções mais correntes.

REFERÊNCIAS BIBLIOGRÁFICAS

ARIÈS, P. *História social da criança e da família*. 3.ed. Rio de Janeiro: Zahar, 1981.

AULAGNIER, P. *A violência da interpretação:* do pictograma ao enunciado. Rio de Janeiro: Imago, 1979.

BIRMANN, J. *Mal-estar na atualidade:* a psicanálise e as novas formas de subjetivação. Rio de Janeiro: Civilização Brasileira, 1999.

BLEICHMAR, B. E. D. *O feminino espontâneo da histeria:* estudo dos transtornos narcisistas da feminilidade. Porto Alegre: Artes Médicas, 1988.

FÉDIDA, P. *A clínica psicanalítica*. Trad. Cláudia Berliner. São Paulo: Escuta, 1988.

FOUCAULT, M. *História da sexualidade:* a vontade de saber. Rio de Janeiro: Graal, 1979.

FREUD, S. El mecanismo psíquico de los fenómenos histéricos (1885) In: FREUD, S. *Obras completas*. Trad. Luiz Lopez-Ballesteros y de Torres. Madrid: Nueva Madrid, v.I, 1968a.

FREUD, S. La etiologia de la histeria (1886). In: FREUD, S. *Obras completas*. Trad. Luiz Lopez-Ballesteros y de Torres. Madrid: Nueva Madrid, v.1, 1968b.

FREUD, S. La sexualidad en la etiologia de las neurosis (1898). In: FREUD, S. *Obras completas*. Trad. Luiz Lopez-Ballesteros y de Torres. Madrid: Nueva Madrid, v.l, 1968c.

FREUD, S. Los actos obsesivos y las prácticas religiosas (1907). In: FREUD, S. *Obras completas*. Trad. Luiz Lopez-Ballesteros y de Torres. Madrid: Nueva Madrid, v.l, 1968d.

FREUD, S. El carácter y el erotismo anal. (1908). In: FREUD, S. *Obras completas*. Trad. Luiz Lopez-Ballesteros y de Torres. Madrid: Nueva Madrid, v.II, 1968e.

FREUD, S. La novela familiar dei neurótico. (1908). In: FREUD, S. *Obras completas*. Trad. Luiz Lopez-Ballesteros y de Torres. Madrid: Nueva Madrid, v.II, 1968f.

FREUD, S. Análisis de un caso de neurosis obsesiva (1909). In: FREUD, S. *Obras completas*. Trad. Luiz Lopez-Ballesteros y de Torres. Madrid: Nueva Madrid, v.II, 1968g.

A REBELDIA E AS TRAMAS DA DESOBEDIÊNCIA

FREUD, S. Observaciones psicoanalíticas sobre un caso de paranóia (Dementia paranoides) autobiográficamente descrito (1911). In: FREUD, S. *Obras completas*. Trad. Luiz Lopez-Ballesteros y de Torres. Madrid: Nueva Madrid, v.II, 1968h.

HERRMANN, F. *A psique e o Eu*. São Paulo: Hepsyché, 1999.

HERRMANN, F. *Clínica psicanálitica*: a arte da interpretação. São Paulo: Brasiliense, 1991a.

HERRMANN, F. *Andaimes do real*: livro primeiro, o método da psicanálise. São Paulo: EPU, 1991b.

HERRMANN, F. *Andaimes do real*: o cotidiano. São Paulo: Vértice, 1985.

LACAN, J. O mito individual do neurótico, o falo. *Revista do Campo Freudiano*, São Paulo, 1987.

LAPLANCHE, J.; PONTALIS, J-B. *Vocabulário da psicanálise*. São Paulo: Martins Fontes, 2001.

LAPLANCHE, J.P.; PONTALIS, J-B. *Vocabulário de psicanálise*. 6.ed. Trad. Pedro Tamen. São Paulo: Martins Fontes, 1967.

LEVISKY, D. *Adolescência*: reflexões psicanalíticas. 2.ed. São Paulo: Casa do Psicólogo, 1998.

MARCUSE, H. *Eros e civilização*. Rio de Janeiro: Zahar, 1975.

MATHEUS, T. C. *Ideais na adolescência*: falta (d)e perspectivas na virada do século. São Paulo: Annablume; Fapesp, 2002.

MEZAN, R. *Interfaces da psicanálise*. São Paulo: Companhia das Letras, 2002.

OLIVEIRA, M. L. *Criatividade, psicologia, educação e conhecimento do novo*. Mário Sérgio de Vasconcelos (org.). São Paulo: Moderna, 2001. (Educação em pauta: teorias e tendências.)

OLIVEIRA, M. L. *"Des/obede/serás"*: sobre o sentido da contestação adolescente. São Paulo, 1984. Dissertação (Mestrado) – Pontifícia Universidade Católica.

OLIVEIRA, M. L. *Educação e psicanálise*: história, atualidade e perspectivas. São Paulo: Casa do Psicólogo, 2003.

OLIVEIRA, M. L. *Rebeldia e identidade*: estudo psicanalítico sobre uma contradição aparente. São Paulo, 1992. Tese (Doutorado) – Pontifícia Universidade Católica.

ORTIGUÉS, M. C. e E. *Édipo africano*. São Paulo: Escuta, 1989.

REZENDE, A. M. *O paradoxo da psicanálise*: uma ciência pós-paradigmática. São Paulo: Via Lettera, 2000.

SCHNEIDERMANN, R. São Paulo: Sedes Sapientiae, 1991. (Mimeogr.).

WINNICOTT, D. W. *A família e o desenvolvimento individual*. Trad. Marcelo Brandão Cipolla. São Paulo: Martins Fontes, 1993. (Psicologia e pedagogia.)

GLOSSÁRIO[1]

Adolescência: termo usado para definir o período que antecede a vida adulta e se caracteriza por processo de reestruturação da identidade que afeta a autoimagem (identidade) e as relações (realidade). Envolve a elaboração de perdas significativas (a condição de criança, o corpo infantil) e a admissão dessas perdas. Trata-se de um processo de recomposição entre novas e velhas identificações e vínculos nos quais os ideais de liberdade se assentam.

Autorrepresentação: modo como o sujeito se vê, se conhece. Quem é ele para ele mesmo.

Castração ou complexo de castração: fantasia de castração que proporciona uma resposta ao enigma que a diferença anatômica dos sexos (presença ou ausência de pênis) coloca para a criança. Foi descrito em 1908. Há diversos símbolos ligados à fantasia de castração: extração de dentes, cirurgias, acidentes etc.

Complexo de Édipo: conjunto organizado de desejos amorosos e hostis que a criança sente em relação aos pais. A expressão aparece em 1910 nos escritos de Freud. Na forma positiva apresenta-se como desejo da morte do rival, a personagem do mesmo sexo, e o desejo sexual pela personagem do sexo oposto. Na forma negativa apresenta-se de modo inverso: amor pelo progenitor do mesmo sexo e ódio ciumento pelo progenitor do sexo oposto.

Desejo: difere de necessidade, refere-se ao anseio inconsciente. Está ligado a signos infantis indestrutíveis. O desejo relaciona-se a traços de memória e encontra satisfação na reprodução alucinatória (fantasia) das percepções que se tornam sinais de satisfação. Nesse sentido, somos o que desejamos e não o que queremos ser. A personalidade se constitui e se diferencia por inúmeras identificações.

---

1 Os termos arrolados neste glossário são extraídos do Vocabulário da Psicanálise, de Laplanche e Pontalis, mencionado nas referências bibliográficas. Nele, o leitor encontrará uma explanação mais completa sobre a descoberta e a evolução dos conceitos.

Eu (ego): instância da vida mental que se desenvolve a partir do Id e é destinada a garantir dominação dos impulsos e representar a realidade. Representa a razão. Pode-se entendê-lo como um aparelho mental para regulação e adaptação à realidade.

Fixação: forte ligação da libido a pessoas ou imagens, necessidade de reproduzir determinado modo de satisfação segundo a estrutura característica de uma das fases evolutivas propostas por Sigmund Freud (oral, anal, genital e fálica).

Identificação: processo psicológico pelo qual uma pessoa assimila um atributo de outro e se transforma ou se constrói, total ou parcialmente, segundo o modelo desse outro.

Impulso ou pulsão: força que se supõe existir por trás das tensões que geram necessidades do Id (paixões).

Libido: quantidade de energia, postulada por Freud, como substrato das transformações dos impulsos ou das pulsões sexuais.

Neurose obsessiva: conflito psíquico que se exprime por sintomas compulsivos (ideias obsedantes, compulsão a realizar atos indesejáveis); luta contra tais pensamentos e tendências rituais e um modo de pensar caracterizado por ruminação mental, dúvida, escrúpulos e que leva a inibições do pensamento e da ação.

Perversão: usado nesta obra com sentido de recusa da realidade.

Pulsão: processo dinâmico que consiste numa força ou pressão (carga energética) que faz o organismo tender para um objetivo.

Sexualidade ou sexual: não designa apenas as atividades e o prazer que dependem do funcionamento do aparelho genital, mas uma série de excitações e de atividades presentes no ser humano desde a infância e que proporcionam prazer irredutível à satisfação de uma necessidade fisiológica fundamental, como respirar, comer etc.

SUGESTÕES DE LEITURA

FREUD, S. Totem e tabu (1912). In: FREUD, S. *Obras completas.* Trad. Luiz Lopez Ballesteros y de Torres. Madrid: Biblioteca Nueva Madrid, 1968.
O inventor da psicanálise analisa, por intermédio de uma hipótese fantástica, o nascimento da ordem civilizatória. Hipotetiza a existência de um parricídio no qual os filhos, ao matar o pai que legislava em causa própria, foram obrigados a assumir o lugar dele e, assim, reproduzir esse lugar, de onde emanava a ordem de convivência. Nessa obra, Freud mostra os processos de identificação e seus reguladores, apresentando o imbricamento e as interposições entre obediência e desobediência.

HERRMANN, F. A. *Andaimes do real:* o cotidiano. São Paulo: Vértice, 1985.
O autor utiliza a psicanálise como recurso de investigação de temas do cotidiano. No sexto capítulo, encontra-se a proposta que inspira – e é também emblemática – as conclusões a que chegamos em nossa pesquisa sobre a rebeldia. Herrmann defende que o ser humanizado se define pela experiência de infrações corrigidas.

LAPLANCHE, J. *Vocabulário da psicanálise Laplanche e Pontalis,* sob a direção de Daniel Lagache. 4.ed. Trad. Pedro Tamen. São Paulo: Martins Fontes, 2001.
Trata-se de um dicionário no qual se encontram os termos mais utilizados em Psicanálise, com referências à origem e ao desenvolvimento do termo ou conceito ao longo da obra do autor, principalmente aos que se referem à obra de Sigmund Freud.

LEVISKY, D. (org.). *Adolescência pelos caminhos da violência:* a psicanálise na prática social. São Paulo: Casa do Psicólogo, 1998.
Nesse livro encontram-se autores das áreas da Psicologia, da Educação e da Sociologia, que analisam a complexidade da experiência do adolescer numa sociedade como a nossa: consumista e globalizada. Destaca-se na obra a violência a que estão submetidos os adolescentes, e toda a sociedade, e aquela praticada pelos adolescentes como reveladora de uma doença social. O

leitor é convidado a pensar na busca de novos caminhos para a qualidade das relações humanas.

OUTEIRAL, J. *Adolescer*: estudos revisados sobre a adolescência. Rio de Janeiro: Revinter, 2003.
Esse livro pesquisa diferentes aspectos e implicações da adolescência em relação ao corpo, à família, à sexualidade, à escolarização e às drogas. O autor dedica um capítulo à identidade e outro à adolescência na modernidade e na pós-modernidade.

■

QUESTÕES
PARA REFLEXÃO E DEBATE

1. Se entendermos a adolescência como processo de identidade e, portanto, da vida de relações, quais as reflexões que podem ser feitas a respeito dos adultos e das autoridades educacionais nesse processo?

2. Qual a importância dos educadores para os adolescentes, considerando-se uma sociedade que despreze os vínculos humanos de qualidade, a memória cultural e a ética?

3. É importante o adolescente conhecer e discutir as aquisições e perdas que experimentam no processo de adolescer e também as que ocorrem concomitantemente com os adultos que fazem parte de sua vida?

■

SOBRE O LIVRO

Formato: 12 x 21 cm
Mancha: 21,3 x 39 paicas
Tipologia: Fairfield LH Light 10,7/13,9
Papel: Offset 75 g/m² (miolo)
Cartão Supremo 250 g/m² (capa)
1ª edição: 2010

EQUIPE DE REALIZAÇÃO

Capa
Isabel Carballo

Edição de Texto
Erika Sá (Copidesque)
Tatiana Pavanelli Valsi (Preparação de texto)
Cássia Pires e Thais Rimkus (Revisão)

Editoração Eletrônica
Andrea Yanaguita (Diagramação)

Impressão e Acabamento